힐링

힐링

살아서 꽃피지 않는 영혼은 없다

박범신 에세이

시월의책

차례

1 희망이 희망이다

걸어서 별까지 가고 싶다 _10
나는 여전히 희망에 대해 말하고 있다 _25
삶은 유랑과 회귀의 반복이다 _39
아름다운 것은 감미이고 존엄이다 _51
자신에게 먼저 너그러워지는 연습을 해야 한다 _63

2 행복은 부동심이다

이겨내니까 청춘이다 _82
살아서 꽃피지 않는 영혼은 없다 _102
아무것도 아닌 인생은 없다 _111
노동이 두렵지 않다면 삶도 두렵지 않다 _120
행복해지려면 소유가 아니라 부동심이 필요하다 _128

3 소통은 향기로운 큰길이다

해답은 나부끼는 바람 속에 있다 _140

사위가 고요하면 세계가 두 배로 넓어진다 _153

사람이 곧 자연일진대 _160

정직하지 않은 소통이란 조화 같아서 깊은 향기가 없다 _170

삶은 한순간도 우연이라는 게 없다 _179

4 열정은 사랑이다

문학, 목매달아 죽어도 좋은 나무 _194

문학은 오욕칠정의 기록이다 _212

열정은 삶의 병을 이기기 위한 면역력 같은 것 _224

사랑은 영원하지 않지만 사랑에의 갈망은 영원하다 _234

간절하면 생의 사소한 것들, 절로 경이로워진다 _244

내가 아직도

글을 쓰는 것은

그리운 것들이

항상 멀리 있기 때문이다

1
희망이 희망이다

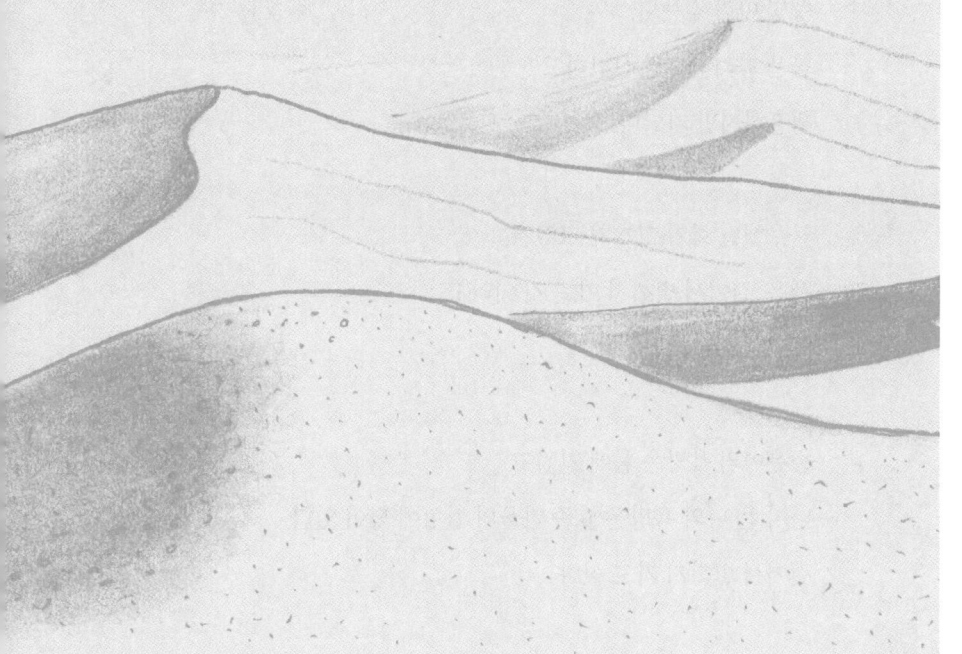

걸어서 별까지
가고 싶다

햇빛 따라 걷는다.
봄은 화려하지만 산만하고
황홀하지만 가볍다.

불우했던 화가 고흐가 그랬지.
생은 '걸어서 별까지 가는 것'이라고.
멀고도 아름다운 길이다.

젊은이의 욕망은 봄에 가깝고
나이 든 나의 욕망은 요즘 가을의 갈망에 닿아 있다.
걸어서 별까지 가고 싶다.

내가 아직도 글을 쓰는 것은
그리운 것들이 항상 멀리 있기 때문이다.
멀고 먼 별에 대한 그리움이 없다면,
갈망이 없다면,
무엇으로 영혼의 품격을 증명해 보이겠는가.

나의 한 생애는
좁은 들길에서보다 넓은 신작로로,
신작로에서 하이웨이로,
하늘길로 나아간 과정이었다.
근대화의 과정이 그러했다.
더 빠르고 넓은 직진의 길을 쫓아 달려온 길.

계속 이 길을 가야 하는 것일까.
부자가 돼야 꼭 행복해지는 건 아니다.
더 많이 가져야 충만해지는 것도 아니다.
보다 느리지만 보다 깊고 고요한 길,
진실로 행복해지는 너른 길은 없을까.

얼마나 많은 모서리를 지나야
사람은 둥글어지는 걸까.
얼마나 넓어져야
강은 소리 없이 흐르는 것일까.

인왕산을 넘으면서
묵은 것들 햇빛에 말린다.
내 안의 누추한 것, 그늘진 것,
비뚤어진 것을
오늘 인왕산 너럭바위에 펴놓고 말리며.

또 히말라야로 간다.
왜 매년 히말라야에 가느냐고?
당신들은 매주 교회에도 가고 절에도 가잖아.
당신이 교회에 가듯
나는 신을 만나러 히말라야에 가는 거야.
비즈니스 마당이 된 교회와 절간에
아직도 신이 계신지는 잘 모르겠어.

일 년 만에 만나는 풍요의 여신
안나푸르나는 여전히 우뚝하고,
하늘은 영원처럼 푸르다.
아무리 높은 산도, 높은 사람도
허공을 이길 수 없다는 걸 확인하는 일은 슬프다.
그렇지만 힘 있는 슬픔이다.
근원적 슬픔과 그것에의 깊은 인식은
놀라운 생의 에너지가 될 수 있다.
히말라야는 그런 걸 선물해준다.

등반엔 수단 방법을 가리지 않고 오로지 더 높은 곳만을 목표로 삼는 '등정주의' 등반이 있고, 최소한의 장비와 내 존재에 의지하여 나의 고유한 길로 가는 데 가치를 두는 '등로주의' 등반이 있으며, 존재의 본원을 생각하며 나의 본원 속으로 천천히 걷는 '존재등반'도 있다.

나는 존재등반파이다.

요즘 북한산이나 청계산엔 러닝머신등반파가 많다. 그들은 산을 단지 러닝머신처럼 생각한다. 팔만대장경엔 산을 가리켜 '큰 덕'이라 씌어 있다던데.

오렌지 익는 따뜻한 남쪽 바다로 가고 싶다.
따뜻한 남쪽 바다 같은 사람 찾아가고 싶다.
아, 내가 바로 따뜻한 남쪽 바다이고 싶다.

고요하지 않으면 가까이 있는 나무도 눈에 들어오지 않는다. 사람도 그러하다. 소중한 누군가와 함께 있으면서, 세상이 지어내는 욕망의 소음 때문에, 소중한 그와 함께 있는지조차 깨닫지 못하는 사람이 얼마나 많은가. 이미 많은 것을 갖고 있으면서도 제가 갖고 있는 것조차 모르는 사람은 또 얼마나 많은가.

욕망으로 눈이 멀면 가슴속 제 사랑도 보지 못한다.

혼자 지내는 논산집 '와초재'에선
1. 가난한 밥상
2. 쓸쓸한 배회로 산다.
   사는 법칙은 그것이 전부다.
   서울에서보다 행복하다.

서울에 사는 일부 당신들, 너무 많이 먹는다.
그러면서 배고프다, 배고프다, 아우성이다.
무엇이 진실로 결핍돼 있는지 모르는 아, 불쌍한 당신들.

오래된 김치찌개에 딱딱하게 굳은 밥을 간신히 짝 맞춰 겨우 아침 먹는다. 혼자서도 먹어야 사는 내 존재의 운명이 가엾고 가볍다. 삼세끼 식사용 캡슐이 판매되면 좋겠다. 무색계의 세상에 이르면 식사 따윈 필요 없을 텐데.

더 해보고 싶은 여행은 무엇이냐고 누가 물었다.
"사막 횡단!" 난 대답했다.
산도 수목한계선 넘으면 나무 한 그루 없어 사막 같아진다.
그런 산에 가고 싶다.
텅 빈 대지야말로 본성을 닮았다.
내 마음의 원래 모습이 그럴 것이다.

세상이 너무 시끄럽다.
침묵의 말들을 알아듣는 사람이야말로 지혜롭다.
목청껏 떠들기보다 침묵하기가 훨씬 힘들다.

어두운 뜰에 한참 앉아 있었다.
어느 먼 다른 별에서 온 것 같았다.
나는 어느 별에서 온 누구일까.

비가 오면 혼자 걸어서 나만 아는 그곳에 가야겠다.
비닐우산 하나 들고 아무도 오지 않는 그곳에 앉아서,

1. 돌아보지 않고
2. 후회하지 않고
3. 그리워하지도 않고,

오직 비닐우산에 떨어지는 빗소리만 오래오래 들어야겠다.

누가 바람의 지도를 그려주면 좋겠다.
시간의 지도도.
그럼 보다 안심하고 걸어갈 텐데.

누가 내게 시간의 지도를 그려주겠는가.
내 인생, 시간의 지도를 그릴 사람은 나뿐이다.

때로 눈 내리고 때로 바람 부는 이 길 끝엔 무엇이 있을까. 시간의 끝엔, 아니 그 중심엔 무엇이 있을까. 무엇이 있긴 있을까. 아, 지구의 중심, 생의 중심은 그냥 텅 비어 있는 게 아닐까.

나는 여전히
희망에 대해 말하고 있다

　세상 싸가지 없다 느낄 때 있더라도 '아냐, 더 좋아질 거야'라고 나는 쓰고 싶다. 내가 진술하는 건 상처투성이 자갈밭 이야기지만 아니다, 나는 여전히 희망에 대해 말하고 있다고 여기고 싶다. 꿈에 대해. 앞날에 대해. 행여 무위해질까봐 자주 두렵지만 그래도 나는 내 문장 하나, 믿고 나아간다고 한사코 우기고 싶다. 문장은 힘이 세다고 우기고 싶다.

　관계에서, '끝'이라고 쓰는 것이
　제일 무섭다.
　마침표는 문장에서만 사용할 것이지
　사람에게 사용할 것이 아니다.

삶이나 사랑에선 쉼표와 느낌표만 사용할 것.
가끔은 말없음표.

가을 숲이다.
혹한을 견뎌내야 하는 소명이 가득 차 있으므로
가을 숲은 여름 숲보다 더 풍성하다.

어떤 나무는 비바람에 꺾여 있고
어떤 나무는 늙어 쓰러진 채 죽어 있다.
그래도 그 사이사이 어린 나무들이 또 자라므로
숲은 영원하다.
그게 역사의 희망이다.

옛날은 상처까지 다정한데
앞날은 희망까지 불안하다.
'앞날은 다정하다'라고 나는 쓰고 싶다.

희망이 우리들의 희망이다.
슬픔까지 너그러이 품고 가는 길을 찾아야 한다.
슬픔도 희망이기 때문이다.

남은 생애,
후회는 덜고, 사랑은 여전히 두껍게.

만월은 틀린 말이다. 꽉 찬 듯 빛날 때에도 달의 반면은 어둠 속에 있다. 사람도, 삶도 그럴 것이다. 밝게 웃는 당신의 얼굴 너머 또 다른 절반의 그늘을 나는 본다. 그늘을 보는 게 사랑이라고 믿기 때문이다.

더 많이 가지려면
더 많은 죄를 저질러야 할지도 모른다.

내가 충만할 때도
누군가는 울고 있다는 걸 잊지 않아야
사람으로서 비로소 아름답다.

눈이 내린다.
다가오는 시간은 저 산에 쌓인 눈처럼
전인미답이다.
저 눈밭에 무엇을 그릴지는
전적으로 나 자신에게 달려 있다.

인간이 위대한 건 추상의 가치를 품고 이해하기 때문이다.

사랑, 행복, 신을 만져본 적 있는가. 사실적으로 본 적도, 리얼하게 만져본 적도 없는 그것. 그런데도 우리 모두의 갈망은 여전히 거기 닿아 있다. 사람만이 그러하다. 삶의 품격은 추상의 가치에 대한 열망을 버리지 않아야 얻을 수 있다.

국가권력에 의해 저질러지는 폭력이 젤 가혹하다. 민주주의 체제라고 해서 안심할 수는 없다. 참된 민주주의 완성은 여전히 많은 시행착오의 과정을 남기고 있다. 떼 지어 빚어내는 정치와 자본권력의 잉여 욕망이 문제다.

난 맛없는 걸 먼저 먹어.
하기 싫은 일 먼저 해치우지.
달콤한 게 앞날에 남아 있다 생각하면 기분이 좋거든.
내 스타일이 좋은지는 모르겠어.
그래도 나는 자꾸 이리 생각하려 해.
달콤한 일은 앞날에 더 많겠지, 하고.
그럼 지금의 상처가 별 게 아니라고 느껴지니까.

실망하지 마라.
이상한 사람들이 이상한 짓 하는 거,
이상한 일이 아니다.
당신 자신의 오욕칠정을 가만히 들여다보라.
사람이란 원래 이상한 동물이다.

그가 창 안쪽에 있을 때,
우리는 더러 추운 창밖에 있겠지만
우리가 창 안쪽 있을 때,
그 역시 더러 추운 창밖에 있게 될 것이다.
그렇게 믿고 싶다.

여전히 잠 안 오고, 여전히 세상 고요하고, 여전히 사랑은 아득하다. 가뭇없이 이어지는 불꽃은 사랑에의 갈망뿐이다. 사랑에의 갈망이야말로 목숨이다.

장 콕토는 이르길 '젊은이는 안전가安全價의 주식을 사지 않는다'고 했다. 젊었을 때의 나 역시 세상이 가리켜주는 길을 한사코 부정하고 싶었다. 안전한 인도를 따라가고 싶지 않았다. 나이 들어서야 모두가 아는 길을 함께 걷는 것도 아름답다는 걸 겨우 깨닫게 됐다. 나이란 그런 것이다.

요즘은 젊은이들은 오히려 안전한 인도만을 따라 걷는다. 표지판 없는 새 길은 두렵기 때문이다. 그들은 세상이 들려준 생산성이나 효용성의 등불을 하나씩 들고 그것에 의지해 인도를 따라 걷고 있다. 그 자신이 주체적으로 선택한 등불이 아니라 세상이 들려준 등불이다. 출세는 할는지 모르나 충만해지기는 어렵다. 아, 젊은 날의 가난했던 나보다 더 불쌍한 오늘의 젊은이들.

삶을 오직 습관에 맡기는 것도 죄다.
습관은 생각이 아니기 때문이다.

차도와 인도의 그 경계를 따라 걸으라.
그래야 삶이 생생하다.
상상력의 힘도 거기에서 나온다.

예전엔 목표가 꿈인 줄 알았다. 아니다. 꿈은 목표 너머에 있다. 의사가, 국회의원이, 대통령이 꿈이랄 수는 없다. 그건 목표에 불과하다. 의사가 되면, 국회의원이 되면, 대통령이 되고 나면 어떤 세상을 만들어갈지, 그 이상이 꿈이다. 목표 너머의 비전이 없는, 내 기득권만을 위한 출세는 더럽다.

깨끗한 책상에서 공부해야 한다. 공부한 거, 머리 좋은 걸 오직 내 기득권 확장에만 사용하는 자의 책상은 새 책상이라고 해도 이미 더럽다.

요즘 내가 꿈꾸는 건

거의 살아서 이룰 수 없는 것뿐이다.

그래도 나는 매일 불타고 있다.

그 불에 내 삶의 이유가 깃들어 있기 때문이다.

삶은 유랑과
회귀의 반복이다

삶이란 원심력을 쫓아 떠나는 유랑과
구심력을 쫓아 돌아오는 회귀의 반복이다.

봄은 떠나가기 좋고, 가을은 회귀하기 좋은 계절이다.

내가 어디에서
어떻게 걸어 나왔는지 살피는 일이야말로
가을의 일이다.

빈 산에도 어디든 끊일 듯 길이 있는데
대개 무덤으로 가는 길이다.
우리 모두 최종적으로 가야 할 그 길.

아침에 나가고 저녁에 돌아오고
욕망으로 나가고 본성으로 돌아오고
사랑으로 나가고 이별로 돌아오는 것, 삶.

나이 들어도 사랑을 쌓는 건 절로 되는데
미움을 덜어내는 건 쉽지 않다.
집착 때문이다.
집착은 스파이더맨이다.

어떤 늦은 밤 거실 벽에 쓰고 그렸다.
'빈 의자 하나 남기면 되는 거지!'
살고 죽는 게 원래 그렇다.

흐르는 듯 머물고
머무는 듯 흐르는 게 사람이다.

기차 타면 언제나 먼 곳으로 가는 기분이다. 십대 시절엔 누가 꿈이 뭐냐 물으면 늘 "먼 데!"라고 대답했다. 기차보다 더 멀리, 더 빠르게 흐르는 게 시간이란 걸 그땐 몰랐었지. '먼 데'를 꿈꾸던 그 소년으로부터 나는 얼마나 걸어 나왔을까. 아, 겨우 반걸음쯤 걸어 나온 것은 아닐까.

어머니는 자주 말씀하셨다.
"사는 거, 참 골치 아픈 짓이여. 죽어 귀신 되면 난 뭐 산이고 바다고 간에, 무조건적으로다가, 막 날아댕길란다!"
엊저녁 어머니를 뵈었다. 여기는 부탄의 히말라야 산협, 비 젖는 3천 미터 고원의 꿈길에서 어머니가 막 날아다니고 있었다.

봄꽃들 진다.
져서 어디로?
땅에 떨어져 썩는다.
썩어서 물이 되고,
뿌리와 줄기를 통해
물은 다시 잎으로 간다.
이 위대한 순환에
작은 내 목숨도 끼어 있구나.

오래전 봄날, 히말라야로 트레킹을 갔다가 그만, 어느 산협 햇빛 좋은 바위 아래 수첩을 놓고 온 일이 있었다. 그 수첩의 첫 장엔 이렇게 씌어 있었다. '박범신!' 전화번호도 주소도 없이 그냥 이름뿐이었다. 그런데 거의 10여 년이 지난 오늘, 낯선 이의 전화를 받았다.

"혹시 안나푸르나 트레킹 코스에서 수첩을 잃어버리진 않았나요? 여행에서 얻은 단상들이 씌어 있던데요."

놀라웠다. 나는 곧장 그분이 지정한 곳으로 달려가 10년쯤 전에 잃어버린 수첩을 돌려받았다.

"선생님이 쉬었다 간 딱 그 자리에서 쉬지 않았다면, 그 수첩을 발견하지 못했을 거예요. 수첩의 주인을 찾아서 참 기뻐요!"

남자가 말했다.

10년 전 안나푸르나 산협을 걷던 때의 생생한 육성이 기록된 수첩이었다. 수첩에 적힌 내 이름을 나는 쓰다듬어보았다. 이름엔 그 이름만 갖는 고유한 운명이 있다고 생각했다.

오늘은 오래전 잃어버린 내 이름의 운명을 다시 돌려받은 날.

시간차로 결혼식과 치매노인 병동을 다녀온다. 결혼식에선 새 인생에의 설렘을, 치매 병동에선 죽음의 문턱에서 만나는 공포를 본다. 비켜갈 수 없는, 그 둘 사이의 시간차는 불과 50년, 이는 먼 시간인가 가까운 시간인가.

확실한 것은 열일곱, 혹은 스무 살에 나는 지금보다 더 온몸으로 생을 이해하고 있었다는 것이다. 아니 죽음조차 그러하다. 나이 든 지금은 생에 대해, 죽음에 대해 허접한 데이터가 많이 쌓여 오히려 그 본질에서 멀어진 느낌이다. 데이터는 본질에 이르는 길을 방해한다.

잘생겼다거나, 좋은 대학을 졸업했다거나, 돈이 많다거나, 집안이 어떻다거나 하는 등의 데이터에만 의지한 사람은 사상누각과 같다. 고통을 함께 짊어져 가기가 쉽지 않기 때문에, 작은 역경에도 그들은 곧잘 이별을 선택한다. '가진 좋은 것'이 아니라 '못 가진 그늘'을 먼저 보는 사람은 금강석처럼 단단하다. 사랑이란 그의 그늘을 보는 것.

숲이 물안개로 젖어 있다. 가방을 꾸린다. 여행 가방은 첫째, 무겁지 않아야 한다.

순례자는 순례하는 동안만이라도 죄를 짓지 않는다고 여긴다.

영혼은 잠이 없다던데, 잠든 후 영혼은 어디에 있나.

밤은 주관적 골방, 대낮의 삶은 객관적 광장이다.

평생 잠으로부터 아침에 당도하는 게 젤 힘들었다. 몽환적 죽음에서 실존적 생존으로 나가는 것이 아침이기 때문이다.

아내는, 내가 아내를 사랑하는 것보다 아내가 나를 사랑하는 마음이 더 깊기 때문에 더 많이, 더 오래 참을 수 있다고 한다. "그럼 당신이 더 손해잖아!" 내 말에, "아니야 내가 더 나아. 내가 더 행복한 거야." 아내는 손사래를 친다. 아내는 "사랑의 끝에는 사랑이 있다"고 말한 적도 있다. 40여 년 넘게 함께 살고 나서도 그렇게 말하다니, 놀랍다. 나는 사랑의 끝에 겨우 "우의"가 남더라고 말하고 다닌다. 아내보다 리얼하지만 사랑에서, 아내보다 급수가 한참 낮다.

아내는 평생 나에게 더운밥을 지어 먹였다. 아내는 말했다.

"오해하지 마. 내가 당신에게 한사코 따뜻한 밥 지어 먹이는 건 당신 아내이기 때문이 아냐. 당신을 여전히 사랑하기 때문이야."

따뜻한 밥이야말로 사랑이다. 내가 만약 죽었다가 다시 태어난다면, 아내의 '아내'가 되어, 아내가 그랬듯, 평생 더운밥 지어주고 싶다.

헌신에 있어 공평해지는 게
관계의 최종적 윤리성이라 할 수 있다.

아름다운 것은
감미이고 존엄이다

아름다운 것은 감미이고 존엄이다. 감미는 달고 존엄은 향기롭다. 힌두교에선 인생의 마지막 시기를 향유기라고 부른다. 흘러 다니면서 누린다는 뜻이다. 늙어 생산성이 떨어지면 배낭 하나 메고 자식들조차 찾을 수 없는 먼 곳으로 흔히 순례길을 떠난다. 그 길에서 혼자 죽는 사람도 부지기수다. 그들은 육체의 죽음을 두려워하지 않는다. 육체는 한낱 '자루와 같은 것'이라 생각하기 때문이다. 힌두인이 되고 싶다.

더 뜨겁게 쓰기 위해 불현듯 사표를 내고,
오늘 연구실 짐을 뺀다.
20여 년 몸담았던 대학 연구실인데,
예상보다 훨씬 더 홀가분하다.
오랫동안 그곳을 베이스캠프 삼아 갖은 사랑을 다 부리면서
살았는데 자국 하나 남지 않는 게 신기하다.
그 많던 '싱아'를 먹던 '아이'들은 다 어디로 갔을까.

내 나이 되면 삶의 반은 신의 창에 들어 유유자적할 줄 알았다.
그런데도 여전히 쉴 짬 없는 건 내 탓인가, 세상 탓인가.

쉬는 것도 결단이 필요하다.
습관에서 빠져나와야 새 패러다임이 열린다.

맨눈으로 보는 손과 돋보기를 쓰고 보는 손은
20년 이상 차이 난다.
눈으로 보는 것만 믿을 수는 없다.
제 눈으로 보는데도
20년 세월의 오차가 나다니.

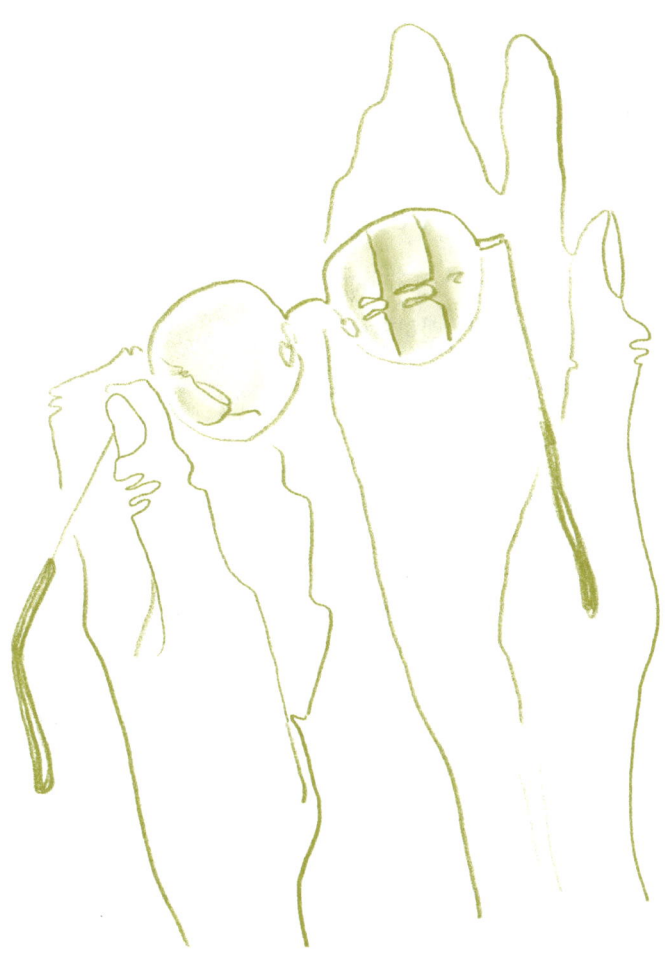

착각을 확신으로 바꾸면 죄의 문 안으로 들어간다.

나이는 항상 낯설다.
마흔, 쉰 살, 예순 살이 될 때도 늘 그랬다.
갈팡질팡하다 보면
내가 상상도 하지 않았던 그 나이에 이미 당도해 있다.

나이는 다만 어리둥절하다.

죄 없이 이어지는 인생은 없다. 어쨌든 우리는 지구를 파먹으면서 살기 때문이다. 내가 인식하지 못하는 죄까지 나이테처럼 시간의 눈금 안에 새겨져 정확히 축적된다. 나이는 그러므로 죄가 많다.

하루는 일 년처럼 길고, 일 년은 하루처럼 짧다. 늙으면 그렇다.

흐르고 머무는 게 강이지.
흐르고 머무는 게 사람인 것처럼.

시간은 오로지 어제를 기억하는 자에게만 흐른다.

혼자되는 게 두렵고
함께 있는 게 귀찮으면 늙은 것이다.

사랑 없는 존경보다는
존경 없는 사랑의 길을 선택하고 싶다.
그 두 가지가 함께 깃든 노년이 최상이겠지만.

거울 본다. 어떤 머리칼은 검고 어떤 건 희다. 옳거니, 내 영혼도 일부는 노인, 일부는 청년이다. 예쁘게 늙어가려면 이 두 가지 색깔을 잘 버무려 하나로 통합해야 한다.

용서할 수 없었던 것들도
시간이 쌓이면 제 스스로 풍경이 되고 만다.

당신 앞에 서면, 내가 '아무것도 아니'라고 생각하는 그것이 바로 사랑이다.

슬픈 건 이별이 아니다.
사랑의 일상화야말로 가장 슬프다.

모든 사랑에 일상화의 과정이 배치되어 있는 것은
신이 우리를 오래 살도록 배려했기 때문이다.

오래 함께 산 아내는 내게,
그 관계가 초월에 걸쳐져 있는 유일한 사람이다.

나이 육십을 넘기고서야, 늙은 아내가 어둠 속에서 코를 고는 소리보다 더 슬픈 노래는 없다는 걸 겨우 알았다. 생의 이해란 겨우 이런 것이다.

아내랑 겸상으로 밥 먹으면 아주 행복하다.
삶이 소소한 풍경에 이입되는 느낌이기 때문이다.

집 안을 씩씩하게 치우고 난 아내가 지쳤는지, 소파에 누워 잠이 들었다. 전선에서 돌아온 장군 같은 아내의 콧바람 소리가 참 듣기 좋다. 저 소리야말로 진정한 '존재의 나팔 소리'다.

손이 두 개이니
당신이 없어도 견딜 수 있어.
아주 힘들면 나의 다른 손이
나의 손을 잡아줄 테니.

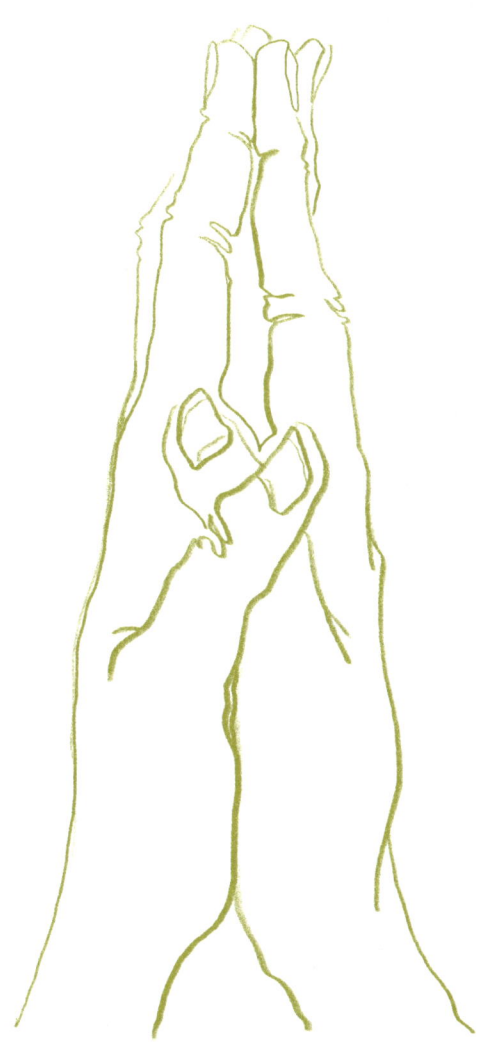

택시 기사가 "대문 앞에 낙엽이 많이 쌓였네요." 해서, 내가 "그러게요, 12월이네요." 동문서답을 한다. "괜히, 나이만 먹어요." 늙은 택시 기사가 창밖으로 침을 퓃, 뱉는다. 침 뱉는 택시 기사가 오늘만은 밉지 않다. 나이를, 그와 내가 공평히 먹어가고 있기 때문이다.

남들의 삶을 조금 덜 쳐다봐도
놀랄 만큼 행복의 길이를 늘일 수 있다.

한나절 오로지 꽃을 심었어.
예전엔 꽃이 만발할 날 기대하며 심었는데
요즘엔 지금 당장 꽃을 심는 일이 좋아 꽃을 심는다네.

당신들은 젊잖아.
그러니 늙은 나보다 더 기다릴 줄 알아야지.
삶의 제단에 끈질기게 헌신해야지.
언젠가, 덩어리가 된 커다란 축복이 찾아올 때까지.

자신에게 먼저
너그러워지는 연습을 해야 한다

아침은 탄생이고 밤은 죽음이다.

해가 지고 나서 어두울 때까지의 과도기를 '다르마타 바르도'라고 부른다. 외부에서 주입해준 가짜 욕망을 뚫고 참다운 본성이 표면 위로 떠오르는 시간이다. 그 순간 떠올라 보이는 본성의 신호를 외면하지 말라. 삶의 습관을 혁명적으로 바꿀 수 있는 찬스가 그 신호에 있다. 주입된 자본주의적 욕망이 온갖 방법으로 본성에 따른 삶을 방해하기 때문에 행복해지기가 어렵다. 행복해지려면 다르마타 바르도의 면도날 같은 틈새에서 오는 신호를 받아들여야 한다. 지금 당장, 아무것도 투자하지 않고 더 행복해지는 법.

만약 눈물이 없다면,
원망이 없다면,
우리는 가슴속 사랑을
무엇으로 알아보겠는가.

  목 놓아 오늘 울어도 좋은 것, 소리치고 화내도 용서받을 수 있는 것, 기다리고 또 기다려도 후회하지 않을 것이, 사랑 이외에 더 무엇이 또 있단 말인가.

쓸쓸함도 내 것이라 여기면 정답고,
서러움도 내 본질이라 여기면,
그 안 어딘가에 환한 빛이 있다.

까짓것, 옷을 벗으면 돼.
갑옷과 긴 창으로만
당신을 방어할 수 있는 건 아니야.

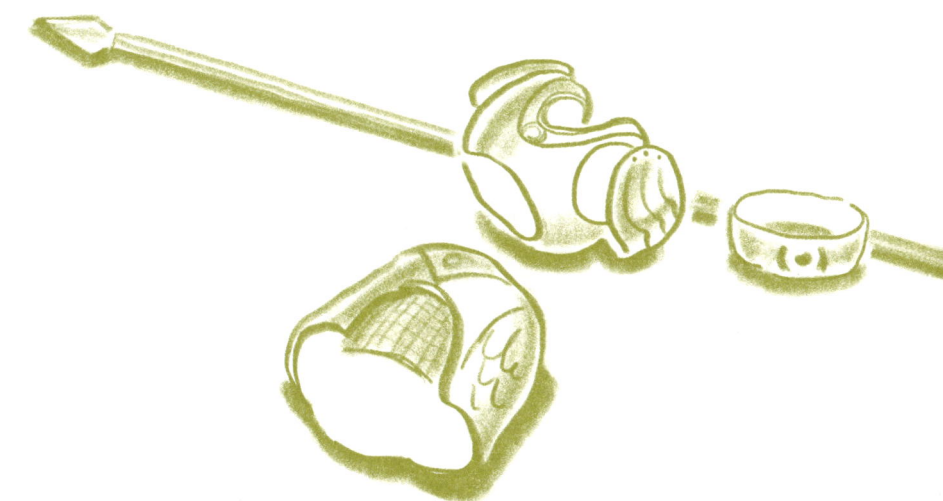

울지 않으니,

화내지 않으니,

말하지 않으니 네가 아픈 거야.

후회하게 될까봐 두려워서

네가 한사코 감정을 감옥에 가두는 걸 보면

가슴 아파.

생은 생각보다 짧다고.

슬프다고, 화난다고,

내 가슴 뜨겁다고 말하고 살아.

그게 웰빙의 삶이야.

행복해지기 위해 당장 필요한 건 사랑이야.

사랑하는 사람과 더 오래 함께하는 의무를 드높일 때

행복이 가까워져.

나무들이 머물러 있다고 여기는 건 착각이다. 푸른 신록의 빛이 지금 사방에서 짓쳐들어온다. 논산집 '와초재臥草齋'는 천군만마에게 포위된 형국이다. 저 녹음, 무섭다.

혼자 있는 게 외롭고
함께 있는 게 두렵다면
그야, 당신이 젊은 거지!

논산 '와초재'에선, 영락없이 내가 독거노인이다. 독거노인에게 젤 필요한 건 밥이 아니라 밥 먹을 때 식탁 맞은편에 앉아 있어줄 사람이다.

젊다고 해서 '독거노인'이 아닌 것도 아니다. 오직 안락한 환경을 쫓아 자기 정체성을 버리고 밀려가는 '젊은 독거노인'도 나는 많이 알고 있다. 주체에 따른 변혁의 의지를 일찍 버린 젊은 독거노인들.

우리는 얼마나 많이 이 봄, 이 여름, 이 가을이 아니면 보지 못할 꽃을 그냥 지나쳐 온 것일까. 그러니 제발 좀 돌아다녀봐. 지금 보는 그것을 경이롭게 받아들이지 않으면 당신, 이미 늙어 후회가 많을 거야.

비 오면 늘 그리운 사람이 있다.
함께 우산을 쓰면 늘 우산의 3분의 2 이상을
내게 슬쩍 밀어놓아 자신의 한쪽 어깨를 다 적시곤 하던 사람이다.
나보다 가난하지만 나보다 훨씬 행복한 사람.
비 오는 날은 언제나 그 사람이 그립다.

소낙비 오면 뭐, 온몸으로 비를 맞는 게 상수지. 곧 지나갈 테니까. 힘들고 어려울 땐 그 고통에게 온몸을 맡겨봐. 고통도 깊으면 별이 된 다던가. 고통에게 몸을 맡겨본 경험은 최소한 두려움을 이기게 해.

언덕이 있으면 넘어가고 산이 막히면 돌아가야지. 모두가 '엄홍길'이 될 수는 없는걸. 큰일 났다고 생각하며 미리 겁먹지 마. 뒤뚱뒤뚱 걷다 보면 괜찮아져. 삶은 그냥 살아져.

히말라야에 사는 사람들은 3천, 4천 미터의 산도 그냥 Hill이라고 불러. 마운틴이라고 안 해. 아무리 높은 산도 언덕이라고 부르면 겁 안 나잖아.

부탄에선 첫눈 오는 날 공휴일이래. 그런 나라에서 살고 싶어.

높아지면 추락하고 삼키면 토해내는 게 사람이야. 분노, 슬픔, 욕망도 그래. 끝끝내 참고 견뎌야 하는 건 시간밖에 없어. 너무 자신을 오래 가둬두지 마. 화도 내고 울기도 하고 그래. 남들도 다 그리 살아.

내 고민은 지금, 딱 한 가지. "대체 내가 왜, 지금, 여기, 이 자리에 있는 거지?" 한 생애를 산다는 것은 내가 누구인가를 찾아 헤매는 긴 과정 같은 것. 내가 누구인지에 대한 대답을 갖고 살면 두렵지도 권태롭지도 않다.

의사가 무릎에 물이 찼다고 한다. 나는 부어오른 내 무릎을 쓰다듬으며 중얼거린다. "미안하다, 얘야. 내 욕망 때문에 너를 늘 혹사시켰구나!"

온통 환한 삶이 어디 있겠어?
당신의 일부가 지금 어둡다고 느낀다면,
그게 바로 정상인 거야.

지우고 싶은 것은 내 맘속 단심丹心이다. 마음이 붉으면 몸이 힘들기 때문이다. 그러나 막상 단심을 지우고 나면 무슨 힘에 기대어 살까.

붉은 마음으로 살면 몸이 고단하고
붉은 마음을 버리면 삶이 권태롭다.
그것이 딜레마다.

사람마다 각기 다른 정상이 있다. 꼭 남보다 더 높아야 하는 건 아니다. 괜히 남의 정상을 보고 죽어라 쫓아가는 인생처럼 어리석은 인생은 없다. 남보다 높지 않더라도 이것이 내 봉우리라고 여기고 잘 가꿔야 성공적인 삶이 된다. "이게 내 봉우리예요"라고 말할 수 있는 사람은 이미 성공한 사람이다.

봄이 오면 노래를 배워야겠다.
종달새처럼 지저귀며 혼자 산맥을 횡단해야겠다.
바다로 난 먼 길 걸어야겠다.
더 많은 외로운 사람들을 품어야겠다.
더 오랜 세상의 상처도 깊이 품어야겠다.
품이 좁다면 그리움으로 품을 넓혀야겠다.
그리움은 힘이 세니까.

왜 내 안에 '화염병'이 없겠는가. 평생, 나의 '화염병'과 다투는 것이 제일 힘든 일이었다. 내가 미쳤다 생각할 때 세계는 정상, 세계가 미쳤다 생각할 때 내가 정상으로 느껴졌다. 요즘도 자주 그렇다. 그 불화가 나를 작가로 만들었다. 불화야말로 서사의 자궁, 나는 불화에서 태어난 불화의 아들이다. 오늘도 내 안의 불화가 나를 앞으로, 더 깊고 치열한 이야기로 나를 밀어내고 있다.

내가 웃고 있을 때도 때로 내 안은 어둡다.
내가 울고 있을 때도 때로 내 안은 환하다.
그 비밀스런 명암의 긴장이 나와 내 문학의 숙주이다.

죽음은 탄생 이전으로부터 받은 것이다. 그러므로 모든 존재는 '탄생 이전으로부터 부여받은 슬픔'을 공유하고 있다. 타인에 대한 연민이 없으면 사람이라고 할 수 없다.

늘 행복하다고
말하는 사람을 보면 참 신기하다.
늘 행복하려면 부동심이 있어야 한다.
그에게 묻고 싶다.
부동심은 어디에서 얻는가.
참된 '스승'이 어디에 있는가.

부자가 되고 싶은가?
왜?

밤은 깊고 바람 불고 비가 와.

여기는 행복지수가 97퍼센트나 된다는 부탄,

해발 3천 미터 고원의 나무로 지은 집,

작은 호텔이야. 무쇠난로에서 장작 타는 소리 참 듣기 좋아.

국민소득이 겨우 2천 불에 불과한 이 가난한 나라의 놀라운

행복지수는 어디에서 연유할까.

그들에겐 여전히 신이 가까이 있고,

그들에겐 여전히 이웃이 가까이 있기 때문일 테지.

사랑이 가까이 있기 때문일 테지.

우리가 그 알량한 돈 얼마 때문에 일찍이 내다버린 그것.

우리는 1990년대 초반 8천 불 내외의 국민소득을 기록했다. 그리고 지난 20여 년간 열심히 일해서 우리는 이제 국민소득 3만 불 나라가 되었다. 온국민이 네 배쯤 부자가 된 것이다. 그럼 우리의 행복지수는? 1990년대 초반에 얻은 50프로 전후의 행복지수가 지금도 여전히 그 정도일 뿐이라는 어떤 통계를 본다. 너나없이 네 배로 부자가 됐다는데 행복한 사람이 조금도 더 늘어나지 않았다면 도대체 왜, 우리는 부자가 된 것일까. 왜 그렇게 죽어라 일한 것일까.

부자라는 말은 상대적 비교를 전제하고 있다. 그러니 부자는 기실 틀린 말이다. 부자 위엔 반드시 더 돈 많은 부자가 있기 마련인데, 당신이 과연 부자란 말인가. 엄격히 말하자면 우리는 거의 모두 '진짜부자'가 될 수 없다. 부자라는 말은 자본주의 노예로 만들려는 낚싯밥 같은 것일지도 모른다. 그러므로 제발 "부자 되세요!"라고 인사하지 말자. 왜 당신의 품격을 그렇게 분별없이 낮추는가.

초월적인 꿈을 품고 사는 삶은 경외스럽기 한정 없다.

나는 종종, 내 안의 슬픔 사라질까봐, 너무 행복해질까봐 두렵다.

몸 머문 데 마음 머물면 안정감,
몸 머문 데 마음 떠나면 불안감,
몸 머문 데 마음 흐르면 창조감.

나와 다른 것에 대한 이해와 긍정을 배우는 것이야말로 성숙일 것이다.

2

행복은 부동심이다

이겨내니까
청춘이다

행복한 사람은
대개 행복한 사람으로 태어난다.

삶은 살아 견디는 것인가, 사는 것인가.
명백한 것은 행복은
환경에서 오지 않는다는 사실이다.

고통으로 인생을 이해하는 사람도 있고
고통으로 인생을 망치는 타입도 있다.

행복하기 어렵다면 위대해지면 된다.

링컨이나 베토벤이나 성녀 테레사 수녀를 보라.

고통에 가득 찬 그이들의 삶을 행복하다고 할 것인가.

아니다. 그들은 위대할 뿐이다.

처음으로 어떤 길을 가서

후대에 지도를 남기는 사람이야말로 위대하다.

가끔 행복을 느끼고 가끔 자신 안에서 위대성을 찾기도 하지만, 그것을 유지 보존할 수 없기 때문에 보통사람 우리들에겐 '모범시민'의 길이 제시돼 있다. 나의 크고 작은 성공이 거미줄처럼 이어진 공동체의 관계망 속에서 이루어졌다는 걸 인식하고 그 관계망을 소중히 여기면서 사는 것이 '모범시민'의 삶이다. 모범시민들은 혼자는 유약해 보이지만 여럿이 모이면 위대해진다. 역사를 바꿔온 에너지가 그들에게 있다.

많은 이들이 자본주의 바이러스에 감염되어 있다. 자본이야말로 절대적인 지배자로서 정교한 프로그램을 통해 감염된 우리들을 좌지우지 조종한다. 모범시민조차 되지 못한 더 많은 사람들이 모두 이 층위에서 더, 더, 더, 하며 갈팡질팡하고 자본에 조종당하고 있는 중이다. 가난해서 누추한 게 아니다. 자본의 노예가 되어 눈치껏 오가는 '갈팡질팡'이야말로 누추하다. 그것은 노예적 삶이다.

부동심으로 행복을 지켜가는 1) '행복한 사람'이 있고, 고통스럽지만 남보다 앞선 길을 간 2) '위대한 사람'이 있고, 사회적 의무를 드높여 더불어 살아가는 3) '모범시민'이 있고, 자본에 의해 끝없이 4) '조종당하는 사람'이 있다. 4에서 3으로, 3에서, 2로, 수고를 통해 삶의 단계를 높여가는 사람을 우리는 '똑똑한 사람'이라고 말한다. 그런 사람이야말로 똑똑할 뿐 아니라 사람으로서 아름답다.

　내 마음속 맑은 상상력의 우물이
　아직 마르지 않았다고 느낄 때 나는 행복하다.
　마르지 않는 상상력의 샘이
　나의 유일한 감미이고 '빽'이기 때문이다.

나도 '블랙리스트'에 끼었다. '꿈꾸는 자, 잡혀간다'는 송경동 시인의 산문집 제목이다. 블랙리스트에 낀 내 이름을 보고 나도 '꿈꾸는 사람'이라는 걸 알았다. 꿈꾸는 자가 잡혀가는 세상이 오래전 끝난 줄 알았는데 큰 착각이었다.

주체적으로 본다는 것이 혹, '편 가르기'를 통해 나만의 이익을 보려는 정파주의 논리에 매몰된 가짜 주체는 아닌지 물어볼 일이다. 자기성찰 없는 진군의 나팔 소리는 허세일 뿐이다.

햇빛을 가득 받은 계룡산 정수리의 아침을 본다.
가을 햇빛은 중심도 변방도 계급도 현재도 과거도 없다.
공평하다.
이런 민주주의가 돼야 한다.

시행착오 많겠지만 난 믿어.
네가 잘 해내리라는 걸.
이겨나가리라는 걸.
좀 들여다봐.
젊은 네 눈이 빛나고 있는 걸!
네 얼굴 광채로 가득 싸여 있는 걸!

'아프니까 청춘이다'란 말은 당연히
'아픔을 이겨내니까 청춘이다!'로 바꿔야 한다.

젊은 당신, 빛나고 있다.
백열전등이다.

젊었을 때 나는 내 안의 빛을 보지 못했다.
내 안에 어둠만 가득하다고 생각했다.
젊을 때 내 안에 빛이 있었다는 걸 알았다면,
내가 빛나고 있다는 걸 알고 그것을 소중히 다루었다면,
단언컨대 내 인생은 훨씬 충만했을 것이다.
내 안의 빛을 보지 못한 젊은 내게 죄 있을진저!

외부로부터 주입된 욕망을 배신하는 내적 결기에 찬
젊은이에게 난 오롯이 희망을 둔다.
그런 청춘이야말로 진짜 청춘이라 할 수 있다. 멋진.

아, 나는 더 깊어져야 돼.

나의 내부에 있는 소음을 제거해야 돼.

내가 버렸을지 모를 청춘의

저 순혈주의적 비전을 다시 찾아 품어야 돼.

필요한 건 순정이야.

바닷가에 화려한 요트가 정박해 있었다.
한 소년이 요트의 주인에게 찾아가 물었다.
"크면 이런 요트를 갖고 싶어요. 이런 요트는 얼마인가요?"
요트의 주인은 슬픈 눈빛을 하고 대답했다.
"너는 이런 요트를 결코 사지 못할 것이다.
이 요트의 값을 먼저 물었기 때문이다!"
젊은이여, 그러니 제발 기웃기웃하지 마라.
성패를 계산하지 말고 지금 그 길로 일단 가라.

계산하지 않고, 내적인 열망을 따라 그 길로 한사코 가야 성공할 수 있다.

힘들어 공부하기 싫어하는 친구들에게 "그래. 행복은 성적순 아니야" 말하면서 계속 관용을 베푸는 거 곤란해. 너무 엄살 피우는 것도. 어리니, 젊으니 더 열심히 해야지. 공부가 유일한 길이라거나 그걸로 행복해진다는 게 아니야. 단것만 골라 먹으면 이가 썩을 뿐이야. 젊으니 하기 싫은 것, 더 해야지. 힘든 것, 더 해야지. 당신보다 앞서 산 사람들도 다 그랬어. 청춘이란 본래 힘들고 아픈 거야. 자기연민은 금물이야. 아프지만, 힘들지만 당신들에겐 그걸 이겨갈 수 있는 에너지가 있잖아!

모든 좋은 것은 앞날에 있다.
너무 외로워 끝이라고 말하고 싶을 때에도
젊은 그대들은 반드시 내일을 봐야 해.

니체가 이르길 학문의 단계는 1. 낙타의 단계 2. 사자의 단계 3. 어린아이의 단계가 있다고 했어. 어디 학문의 길만 그렇겠어? 우선 무거운 짐을 지고 오로지 주인의 명령에 따라 열사의 사막을 건너는 '낙타'처럼 묵묵히 배우고 익혀야지. 그래서 그 모든 걸 내 속에 쟁여야지. 알지도 못하면서 비판부터 하려 드는 게 제일 안 좋아. 배우고 익히면서 묵묵히 사막을 걸어 횡단한 사람만이 '사자'의 단계와 만날 수 있어. '사자'의 단계가 오면 이제까지 배운 모든 걸 철저히 부정하면서, 앞서간 사람들의 자국까지 다 싹 쓸어버리고, 그 자리에 당신의 새로운 논리를 유일한 탑으로 우뚝 세우게 될 거야. 그때까진 묵묵히 견디어내야 해. 낙타를 보고 우선 배워. 허세로 사자처럼 구는 게 제일 하수라고.

이십대, 자의식의 골방에서 겨우 우리 동네를 봤어. 사십대쯤 내 나라를 보기 시작했고, 예순 살이 넘어 겨우 세계가 있다는 걸 알았지. 그게 후회돼. 젊을 때 먼저 세계에 욕망을 두고, 중년에 조국을 실존적으로 보고, 그리고 늙어 너그러운 자의식으로 내게 속한 것들을 아프게 보았다면 삶이 더 높고 깊어졌을 텐데.

당신에겐 두 개의 길이 있어. 지금 당장 문을 박차고 더 멀고 높은 곳으로 이어진 길로 매진하는 것과 어리광을 부리면서 오로지 안락한 의자를 찾아 자본주의적 욕망이 가득한 여기 빌딩가를 눈치껏 갈팡질팡하는 것. 생각한 대로 사는 것과 사는 대로 생각하는 것.

만약 다시 젊어질 수 있다면 나는 야수처럼 세계로 나갈 거야. 좀 둘러봐. 젊은 당신이 놀기에 여긴 너무 좁잖아. 야수적 정열을 부릴 데가 도무지 없잖아. 그러니 내가 젊다면, 말리지 마. 붙잡지도 마. 나는 맨주먹을 쥐고서라도 세계의 한복판으로 갈 거야.

사람에겐 세 개의 눈이 있다.

사실의 눈, 기억의 눈, 상상의 눈이다.

어두운 우물 밑을 기억하라. 한사코 기억하라. 그리고 지금의 그 '사실'과 우물 밑의 그 '기억' 사이에 줄을 그으라. 그것의 인과관계를 찾으라. 눈 부릅뜨고 찾으라. 그러면 저절로 상상력이 발휘될 것이다. 힘 있는 상상력은 거기서 나온다. 그것이 창조이며, 그것이야말로 내 삶은 물론 내가 사는 세계를 바꾸어가는 동력이다.

사실의 눈과
기억의 눈과
상상력의 눈을 삼각편대로 이어 품으면
당신은 세계를 열 수 있다.

자, 여기 인생이라는 하나의 밭이
당신에게 배당되어 있다.
어떤 씨를 뿌릴는지는
전적으로 당신의 몫이다.
망설이지 마라.
시간이 가고 있다.

내가 앞으로 가야 할 길은,
꽃샘바람 많이 불고 안개로 젖은 그런 길이다.
생의 길은 본래 불안한 것이다.

캄캄해서 호수가 뵈지 않지만 난 알아. 당신 지금 밤비에 젖고 있다는 거. 밤비에 젖어보지 않은 인생이 어디 있겠어. 그러니 너무 오래 돌아보지 마. 아침이면 푸른 호수가 가슴으로 막 사무치게 들어올 거야.

시간은 세 가지 걸음걸이가 있다던가. 과거는 정지되어 있고, 현재는 화살같이 지나가고, 미래는 머뭇머뭇 다가온다고. 갈팡질팡할 겨를 없어. 먼 미래에 당신은 스무 살 때 뭐하고 있었느냐고 누가 물으면, 나는 내 인생을 위해 그 시절 오로지 헌신하고 있었다고 대답하는 청춘이 되길.

내가 넘어져 있을 때
누가 진실로 나보다 더 나를 위로하랴.
믿느니 나 자신만이 최종적 내 원군이다.
허망하다 느낄수록 내가 스스로 먼저 일어서야 한다.

　내가 지금 20대라면, 아르바이트로 편도 비행기 삯을 모으고 있을 것 같아. 세계를 내 삶의 그라운드로 삼는 거지. 찬스는 내가 만드는 거야. 나는 선진국으로 안 갈 거야. 아프리카도 있고 거대한 남미대륙도 있어. 불편하겠지만 뒤처진 나라엔 희망이 훨씬 많거든. 그 희망을 찾아나서는 거지. 그런 젊은 나를 상상하면 가슴에서 둥, 북소리가 나. 미지의 먼 곳에서 나 자신을 증명할 젊은 나.

　세계에 대한 '불안'을 내 인생의 에너지로 사용할 수만 있다면,
　세계를 갖는 것도 불가능한 것은 아니라고 나는 믿는다.

자본주의는 '빨대'의 네트워크. 개인들은 빨대, 거대기업이나 국가 조직은 '깔대기'를 들고 있어. 미국이나 다국적 거대기업들은 거대한 깔대기를 세계 도처에 박고 단번에 엄청난 단물을 빨아들이면서, 그 중의 작은 일부는 돌려줘. 먹잇감이 전부 고갈되면 안 되니까. 그것에 비해 소소한 우리들은 겨우 직장에 빨대를 꽂고, 그것도 못하면 늙은 부모 등에 빨대를 꽂고 있지. 자식이 빨아대면 빨아댈수록 부모는 또 다른 어디에 빨대를 꽂아야 하고.

윤리적인 빨대도 있고 비윤리적인 빨대도 있어. 일한 만큼 받는 보상은 윤리적인 빨대지만 이 나라엔 아직 비윤리적인 빨대들이 엄청 많아. 가령 관리나 정치인들이 가진 비정상적 빨대들.

대학까지 졸업하고도 부모 등에서 여전히 빨대를 빼지 않는 당신은 어떨까. 기성세대를 향해 욕은 하면서 일하지 않으려는 젊은 당신이 들고 서성거리는 그 빨대는 얼마나 비윤리적인가.

윤리적인 빨대에 의지해 삶을 경영해야 당당해.

파종 기다리는 봄밭은 영양분 듬뿍 머금어 힘차게 부풀어 있다.

청춘의 얼굴이 그렇다.

다른 점은 봄밭에는 무슨 씨를 뿌리고

가꿀 건가를 결정하는 농부가 있지만,

오늘날의 우리네 청춘의 밭은 주인이 따로 없다.

아무런 명령도 없다는 게 오늘 청년들의 비극이다.

토인비가 말한 것처럼. 인생의 지도를 오직 스스로 그려야 한다.

살아서 꽃피지 않는
영혼은 없다

미물이라도 찬스가 오면 끝내 드높이 나팔을 불어.
성공한 사람만 나팔을 가지고 있는 건 아니야.
봄엔 봄꽃들이
"나 여기 있소!"
나팔 불더니 밤 깊은 가을,
지금은 풀벌레들이 나팔을 부네.
청량한 존재의 나팔 소리!

살아서 꽃피지 않는 영혼은 없다.
과도한 욕망 때문에 꽃으로 피었던 걸 잊었거나
아직 꽃필 시기가 안 됐거나, 둘 중 하나이다.

사방에서 봄꽃들 달려온다.
절정의 만개를 보면서 꽃이 질 걸 떠올린다.
아프다.
모든 황홀한 것 속엔 소멸의 애달픔이 깃들어 있다.

꽃은 지고 쌓인 것은 무너진다.
그것이 인생이다.

그래도 나는 〈끝〉이라고 쓰고 싶지 않다.
시간은 흐르고,
꽃은 다시 필 것이며,
무너지면 또 쌓는다.
그것이 사람이다.

젊은 당신들이 바로 봄이야.
그러니 자신을 절대로
과소평가하지 말고 소중히 여겨.

내 나이쯤 되면 내가 누구라고 자신 있게 말할 수 있을 줄 알았는데, 아직도 내가 누구라고 선뜻 말할 수 없어 안타깝고 부끄럽다. 나는 현재진행형 인간으로, 여전히 미완성이다.

자주 가슴이 무너진다.
둘러보면 섬처럼 떨어져 있는 슬픈 존재의 방들.
존재의 운명이 원래 그렇다고 말하고 싶진 않다.
세상과 주체의 불화가 너무 깊고
그 거리도 너무 멀다.
사다리를 놓아야 한다.

호숫가 봄꽃들 봉오리 열다 말고
찬바람에 목 움츠리고 있다.
오래전의 나 같은 얼굴.
꽃이 막 피려는 찰나의 저 위태로운 긴장,
매일매일 갖고 싶다.

아내가 쑥을 캔다. 이른 봄 제일 먼저 쑥 나오는 게 쑥이다. 오래전 나도 쑥, 쑤욱, 세상의 봄으로 얼굴 내밀고 나왔을 것이다. 인생에서, 사실은 봄이 아니었는데 봄인 줄 착각하고 푼수 없이 쑥, 쑤욱 나온 일이 얼마나 많았겠는가.

캠퍼스 뜰에 앉아 해바라기를 한다. 봄은 어느덧 물결쳐 젊은이들의 웃음소리와 그 경쾌한 걸음새에 와 있다. 저들의 봄은 존재의 심연으로부터 저절로 솟아나는 것이다. 그래서 아름답다. 봄은 선과 악을 넘어선 곳에 있다.

문학 지향의 많은 젊은이들이 내게 물어오는 단골 메뉴는 자신에게 재능이 있느냐, 하는 것이다. 그럼 나는, 글쓰기란 '재능의 등불'을 쫓아가는 게 아니라 '내적 그리움의 등불' 따라가는 것이라면서, 흔히 "재능은 참다운 인내"라는 플로베르의 말을 인용한다. 갈망이야말로 가장 힘 있는 재능이다.

봄꽃들 아직 정중동이다.
어떤 건 터져 나왔지만 더 많은
봄꽃들은 잔뜩 주먹을 쥐고 있다.
그래서 이맘때의 숲은
쓸쓸하면서 가득 차 있는 듯 보인다.

쓸쓸하면서 가득 찬,
그런 삶이 요즘 내 로망이다.

"대지는 나에게 책보다 더 많은 걸 가르쳐준다. 왜냐하면 대지는 내게 저항하니까." 고등학교 때 생텍쥐페리의 『인간의 대지』 서문에서 이 문장을 읽었을 때 나는 전율했다. 내게 저항하는 모든 것은, 심지어 사소한 사물조차, 나를 가르친다는 것을 나는 여전히 믿는다.

우리가 싸워야 할 것은
세계로부터 내게 주입되고 있는 '자본의 폭력성'이야.
어떤 정파 어떤 지역의 문제가 아냐.
모든 게 '자본'의 프로그램인걸.
그 싸움에서 나부터 승리해야 세상이 좋아진다고 봐.

남들 보고 달라지라고 소리치지 마.
나 자신이 진실로 변화할 때 세계가 변하는 거야!

나는 비장함을 좋아한다. 그러나 진지함과 비장함이 '개그'가 되는 세상이다. 관계조차 그렇다. '진지한 관계'는 부담을 줄 뿐이라고 생각한다. 그렇다면 우리, 무엇으로 영혼의 깊이를 잴 수 있을까, 사랑의 깊이를 잴 수 있을까. 하기야 영혼의 깊이라는 말 자체가 개그인 세상이니 이런 말도 우습다. 우습고 슬프다.

서울역 부근 지나는데 어떤 집 간판,
"시집 못 간 돼지 연탄구이"라고 씌어 있다.
슬프다.

아, 여름은 감수성의 감옥이구나.

어떤 카페, 세련되게 차려입은 몇몇 사람들이 둘러앉아 질 좋은 아메리카 커피를 마시며 비즈니스를 예술인 듯 말하고 있다. 많은 사람들은 예술도 단지 비즈니스처럼 말한다. 사랑도 결혼도 비즈니스처럼. 서울은 이런 사람이 많아서 싫다.

이 나이에도 나는 여전히 믿고 살아.
우리들 깊은 내면에 어떤 순정을 가지고 산다면
그게 바로 힘이라는 것.

'주류'라 여기는 대개의 것들은 우리 관념과 자의식이 만든 그림자 같은 것이다. 문화예술 분야에선 더욱 그렇다. 서열의식과 비교의식은 상상력을 떨어뜨린다. 생산적 상상력을 갖고 있다 확신한다면 '주류'와 '비주류'의 경계에 승복해선 안 된다. 누가 당신을 주류라고 부르든 비주류라고 부르든, 당신이 예술가라면 이렇게 말하는 게 좋다. "엿 먹어라!"

이 세상, 비애의 안경을 쓰지 않고 들여다보기엔 너무 무서워.

자기변혁에의 욕망이 남아 있다면 팔순이라도 청춘이고,
자기변혁에 대한 아무런 욕망도 없이 안락의자만 찾는다면
스무 살이라도 노인이다.

언제부턴가 사람들은 나를 '영원한 청년작가'라고 부른다. 나쁘지 않지만 한편으론 부담이다. 죽어 빈 의자 하나로 남을 때까지, 나는 강력히 세계에 속해 있어야 하며, 동시에 그 세계를 넘어서길 꿈꾸어야 한다. '청년작가'이기 때문이다.

세계를 아는 건 많은 노력 필요하지만 세계를 이해하는 건 한순간의 섬광을 통해서도 가능하다. 직관이다. 그것은 예민한 감성과 고정관념을 배제한 순정에서 나온다. 예인의 길 가고 싶다면 정보를 쫓아 움직일 것이 아니라 상처받기 쉬운 순정으로 자신을 무장하는 게 좋다.

내 고통은 시간이 축적돼도, 나이가 들어도 내적불안을 극복할 수 없다는 것이다. 쉴 수가 없다. 진정한 휴식 역시 부동심으로 얻는 것이겠지. 아직도 진정한 휴식이 무엇인지 모르는 나는 어디에서 왔는가.

김소월이 쓴 것처럼 꽃은 '저만치' 피어 있다.
'저만치'는 우주적인 거리이다.
닿을 듯 닿을 듯 영원히 닿지 않는다.
당신과 나도 혹 그렇지 않은가.
내 모든 슬픔의 연원이 거기 있다.

아무것도 아닌
인생은 없다

젊음은 별이지.
제 스스로 빛을 내니까.

젊은이의 유일한 결점은, 제 안에 깃든 진정한 빛을, 제 스스로 보지 못한다는 것이다.

내 또래 아버지들, 절대빈곤 시대 죽어라 뚫고 왔지만 지금은 우리 사회 그늘의 주범으로 저만큼 뒷전에 밀려나 있다. 한 번도 주체적인 꿈을 좇아 산 기억이 없는 늙은 아버지들을 나는 '붙박이 유랑인'이라고 부른다. 붙박이로 살았으나 기실은 한 번도 주체적으로 살지 못한 불쌍한 세대니까. 저들은 반만년 동안 계속된 가난의 사슬을 야수적인 노동력으로 끊어냈으면서도 늙어가는 지금, 아무도 보아주지 않는 베란다 끝에서 웅크리고 앉아 있다.

아버지라는 이름에선 어떤 폭력성이 느껴진다. 아버지이기 때문에 눈물도 참아야 하고, 아버지이기 때문에 오직 꿋꿋하게 일해야 하고, 아버지이기 때문에 실수나 오류가 없어야 한다는 사회적 명령이 깃든 말이므로 그렇다. '아버지'라는 이름으로는 아버지를 한 인간으로 이해하기 어려운 측면이 있다. 그러니, 혼자 누워 있을 때 당신의 아버지를 아버지라고 부르지 말고 아버지의 고유한 이름, "아무개 씨!" 하고 가만히 불러보라. 한 인간으로서의 그가 비로소 눈물겹게 보이지 않는가.

소설 『소금』은 자본주의 단맛을 쫓아가는 청춘에게 읽히고 싶어 썼으나 정작 그들은 읽을 것 같지 않다. 아버지, 하면 무엇이 떠오르는가. 낡은 것? 고집불통? 쓸데없는 권위주의? 지금 늙은 아버지들은 가부장제 문화가 지배하던 어렸을 때, 남자이므로 특별하다면서 부모로부터 '권력자'로 길러졌으나 그들이 어른이 됐을 때, 불행하게도 그 '권력'을 행사하려 하면 할수록 바보 취급을 받기 십상인 세상으로 변모하고 말았다. 아무도 보지 않는 곳에서 혼자 헛기침이나 날려야 하는 신세가 된 것. 그러므로 오늘날의 늙은 아버지들은 '껍데기만 남은 공룡' 같은 기형적인 모양을 하고 있다. 쓸쓸하다.

어머니가 그렇듯이,
아버지 역시 행복해지지 않으면
우리도 행복해지지 않는다.

당신의 늙은 아버지,
한 번쯤 그의 굽은 등을 돌아보라.

눈물이 무거운가,
웃음이 더 무거운가.
가을이 환한가,
봄이 더 환한가.
삶을 습관에 오로지 맡겨두면
죽어서 사는 셈이 된다.

인간만이 '두통'이라는 병이 있다.
인간만이 추상의 가치를 알기 때문이다.

마당 공사하러 인부가 여러 명 왔다. 커피를 내갔다. 잠시 휴식, 대부분의 인부들이 담배를 맛있게 피운다. 담배가 고된 노동에 시달리는 그들에게 큰 위로인 게 확실하다. 담뱃값 인상하면 부담이 가장 크게 노동자라는 걸 그래서 알았다. 국가가 앞장서 담배 팔아 그 세수의 도움을 받아온 나라가, 흡연자를 위한 정책이라곤 단 한 가지도 없다. 5천만 민족이 단 한 사람의 흡연자가 없는 그날까지, 흡연자를 죄인처럼 몰아칠 작정이다. 싸가지가 없다. 모든 것의 씨를 말릴 작정을 하고 절대적인 것만을 지향하면 그게 무엇이든 파시즘이 된다.

자신의 즐거움을 얻기 위해
타인이 받아야 할 고통은
안중에 없는 사람이야말로 미개하다.

중요한 것은 생각하는 힘이다. 이 싸가지 없는 자본주의 세계화 어름에서, 생각하는 법을 잊지 않았다면, 그것만으로도 당신, 대단하다.

암종이 잔뜩 퍼진 후배를 문병했다. 가슴 찢어진다. 삶의 유한성이 주는 슬픔은 덜어질 수 있는 슬픔이 아니다. 진실한 품격을 얻으려면 이 슬픔을 똑바로 봐야 한다.

봄꽃보다 더 고운 낙엽을
나는 많이 알고 있다.

고향을 지키고 산 분들이 자신의 인생을 '실패'했다고 말할 때 가슴 아프다. 서울 가서 '출세'한 사람보다 평생 고향을 지키며 열심히 산 사람들이 '성공'이라고 느껴야 좋은 사회다.

습관적 삶에 빠진 나를 반역할 에너지가 숨어 있다고 믿으면 생은 늘 뒤집기가 가능하다.

소설, 쓰기 시작하고 나서 곧 '망했다' 그런 생각 들 때 있다. 그런데 그 '망했다'가 나를 자극, 내적긴장 가득 채울 때도 많다. 사람은 '망했다'라고 느낄 때 정말 망하는 사람과 '망했다'라고 느끼는 순간을 통해 뒤집기를 해서 흥하는, 두 종류가 있다.

밥 딜런은 노래했지.
'비둘기는 얼마나 많은 바다를 날아야 백사장에 잠들게 될까요.'
나는 노래한다.
얼마나 많은 모서리를 지나야 삶이 달콤해지는 걸까.

노동이 두렵지 않다면
삶도 두렵지 않다

앞서가는 사람이 새 지도를 그린다.

햇빛은 장애가 있으면 그늘이 되거나 그 장애물에 스며든다.
긍정은 행복감을 확장시킬 뿐 아니라 오래 유지시킨다.

웬만한 일, 그냥 넘기는 게 상수이고, 시간을 기다렸다가 넘기는 게 그 다음 상수다.

나이 들며 조금씩 몸이 부서지는 걸 견디는 일은 형벌에 가깝다. 일할 수 없으면 더 그렇다. 그래도 여전히 나는 시간의 양식에 순종하고 싶지 않다. 타는 목마름으로, 더 불균형한 정신의 세계로 위태롭게 나를 밀어내고 싶다.

머물러 있다고 사색이 깊어지는 것은 아니다.
나는 움직일 때 생각이 깊어진다.

용감하고 단호하게,
사과의 씨처럼,
고독의 심지에 박혀 있고 싶다.

비 오면 모든 사물이 추상화된다.
추상화는 상상력을 뚱뚱하게 만든다.

위대한 삶의 전범을 보여준 스콧 니어링은 늙어 일할 수 없게 되자 스스로 단식해 죽고자 했다고 한다. 내게 아직 남은 자신감이 하나 있다면 어떤 힘든 일도 힘들기 때문에 두려워하거나 힘들기 때문에 모면하려고 하지 않는다는 것이다. 나는 노동이 즐겁다. 노동은 자존감을 주기 때문이다.

국가는 오로지 생산성 제고에 우리의 인생을 바치라고 요구한다. 국가는 GDP에 관심이 있을 뿐 우리의 행복지수에는 별 관심이 없다. 우리가 행복해지려 국가에 기대지 말라. 우리 자신이 위대한 존재라는 각자의 확신에 따라야 행복해질 수 있다. 믿을 건 주체뿐이다.

"너 뭐하는 놈이야!"
평생 나를 일으켜 나아가게 한 질문이다.
"너 도대체 뭐하는 놈이야!"

글을 안 쓸 땐 불임 상태, 거세된 느낌이다.

쓰는 일도 때로 피 흘리는 것처럼 무섭지만,
쓰지 않을 때 찾아오는 고독보다는 덜 무섭다.

내 안에 늙지 않는 짐승이 산다. 그놈에게 잡아먹히지 않으려고 쓴다. 어떤 때는 그놈이 하는 말을 받아쓰기도 한다. 그놈의 다른 이름은 '창조적 자아'이다.

스탕달의 말을 빌려서,

나는 나를 두고 이렇게 말하고 싶다.

'나는 살았다, 썼다, 사랑했다!'

이를테면 어떤 이는 노는 데 30, 사랑하는 데 30, 일하는 데 40프로의 힘을 쓰며 합계 100프로로 살아. 또 어떤 이는 노는 데 100, 사랑에 100, 일하는 데 100프로의 힘써. 그렇다고 그의 인생이 300프로가 되는 건 아냐. 그 역시 100이지. 그게 인생의 비밀스러운 수학이야. 후자로 살아야 자긍심이라는 성공보수를 받아. 놀 때 일하는 듯 하고, 일할 때 노는 듯 하는 인생은 매일 심심할 게야. 100, 100, 100으로 산다고 해서 힘이 더 빠지는 게 아니라는 걸 알아야 해. 집중력이 높으면 에너지가 절로 더 나오게 돼 있어. 화수분처럼.

내 안에 거대한 우울이 있어.

때론 확장되고 축소되지만 근절되지는 않아.

확장되면 위태롭고

축소되면 권태롭지.

그런데 나를 전진시키는 핵심적 모터가 그거야.

부릉부릉, 당신 안에서 나는

씩씩한 우울의 모터 소리,

잘 활용해봐.

평생 밀실과 광장을 오갔다.

밀실에서 나는 썼고 광장에서 나는 독자와 만났다.

선인의 말처럼 가을은 '형관의 계절'이다.
과감히 버리는 아픔이 없다면,
단풍이 어찌 저리 장엄하겠는가.

밝은 마음으로 보면
비 오는 날에도 빛을 보고,
궂은 마음으로 보면
햇빛 쨍한 날에도 어둠을 본다.

행복해지려면
소유가 아니라 부동심이 필요하다

관촉사 돌부처가 수수롭게 선 채 소낙비를 맞는다.
아무런 동요도 없다.
내가 평생 닮고 싶었던 모습이다.

술 취해서 내게 상처 준 남의 가슴에 속 좁게 나도 대못 박았다. 술 깨고 나선 그가 내 가슴에 못 박은 건 잊고, 그 일로 내가 또 내 가슴에 스스로 대못 박고 있다. 술 조심 입 조심 하라는 어른들 말씀 하나도 틀린 게 없다.

우리 몸속에도 허공이 있어.
위장도 창자도 오줌통도 일부는 비어 있잖아.
모든 게 꽉 차면 죽어.

빠른 민주화는 정치적 독재를 자본의 독재로 빠르게 바꾸는 원치 않는 결과를 가져왔다. 아이러니한 일이다. 자본독재는 전선조차 없어 혁명이 불가능하다.

발전이라는 말은 이제 가짜 당위이다.
행복해지기 위해 우리가 꼭 이겨내야 하는 건
자본이 주입하는 가짜 욕망이다.

시골마을 이장선거에도 좌가 있고 우가 있다. 스스로 주류라고 여기는 잘난 자들이 퍼뜨린 정파주의 바이러스에 온 국민이 감염돼 있다고 생각하면 가슴이 활활 탄다. 정파 상업주의자들을 확 쓸어내고 싶다. 진보 대신 진보 상업주의 진보 전략주의자들이 득세하고, 보수 대신 보수 상업주의 보수 전략주의자들이 득세하는 세상을 벗어나지 않고선 우리 모두 행복해질 수 없는 지경에 이르렀다. 우리가 어쩌다가 이 지경이 되었는가.

영화 '은교'는 노인과 소녀의 러브라인에 스토리가 맞춰져 있지만, 소설 '은교'는 삶의 유한성에 초점이 맞춰져 있다. 영화를 보고 소설 '은교'를 읽은 것처럼 말하는 독자를 만나면 슬프다. 소설 '은교'는 자기감정을 평생 옥죄고 산 늙은 시인이 생의 마지막에 만나는 존재론적 시간에 대한 처절한 반역을 가감 없이 기록한 소설이다. 영화 '은교'와 소설 '은교'는 완전히 다른 작품이라고 봐야 맞다.

내가 처음 그것을 갖던 날, 나는 그것을 소유해 행복했다. 그러나 지금 여전히 난 그것을 갖고 있지만 그 때문에 행복하진 않다. 지속적으로 행복해지려면 소유가 아니라 부동심이 필요하다.

어떻게 그의 실체를 붙잡겠어.
그럼 더 멀어질 뿐인데.
그냥 그의 향기를 맡는 거지,
사랑은.

그를 사랑한다면, 오래 곁에 두고 싶다면, 그를 채집해 핀셋으로 고정시키고 싶은 욕망은 버려. 사랑의 이름으로 그를 수인囚人으로 만들고 당신은 간수가 되는 게 가장 안 좋은 케이스지. 수인이든 간수든, 같이 감옥에 있을진대 어떻게 한 번이라도 함께 꽃을 피우겠느냐고.

아, 혼자될까봐 두려워 '패거리'에 나를 위탁하고 숨겨놓은 불행한 벽창호들에겐 자유가 없다.

사모아 섬 원주민 말 '라우'는 내 것과 네 것이라는 뜻을 함께 갖는다. '라우'의 세상으로 이사 가고 싶다.

올해는 너그러워져라.
무엇보다 나 자신의 과오, 뒤처짐, 실수에 너그러워져라.
내게 너그러워야 세상에 대해서도 너그러워지니까.

불은 전투력, 물은 관용이다. 물은 낮은 데로 낮은 데로 흐르지만 모든 걸 수평으로 알맞게 적신다. 양지바른 곳과 그늘도 공평히 취급한다. 물은 어머니이고 생명이다. 우리는 그동안 오직 불의 전략으로만 살았다. 그러니 물은 마를 수밖에 없다. 이러다가 저 불의 욕망에 다 타죽을지도 모른다. 더 이상 '불의 전략'으론 안 된다. 생산성과 효용성만으론 삶이 평화로울 수 없다. 낮은 데 고루 쓰다듬고 흐르는 '물의 전략'을 복원할 것. '물의 속삭임'에 귀 기울일 것.

한때 우린 절대빈곤을 극복하려고 전통적 영혼의 덕목을 모두 버렸다. 공동체도 버렸다. 국가가 앞장서서 버리도록 권하고 획책했다. 부자가 돼도 행복해지지 않는 것이 우리 사회의 딜레마다. 만약 귀한 영혼의 덕목으로 묶인 공동체를 버리지 않았다면 오늘날 복지비용을 덜 써도 우리는 진정한 복지에 이르렀을 것이다. 더 이상 기득권 세력의 탐욕으로 우리 공동체가 훼손되는 걸 방치해선 안 된다.

오래전 저물녘 사하라 사막 북단 지나다가
가난한 양치기 베르베르족 노인에게 '소망'을 물었다.
노인은 "내 양들이 배불리 먹을 수 있게 풀이 잘 자라도록
오늘 밤 비가 내렸으면 하는 게 제일 큰 소망이오" 했다.
날 저물 땐 그 노인이 자주 생각난다.

오늘 부탄에 간다. 국민소득은 우리의 10분의 1에 불과한 그들은 행복지수에서 우리보다 거의 두 배 높다. 그들은 무엇으로 행복을 얻는지 알고 싶다.

잉여 재산이 우리 삶을 망치고 있다.

해발 3천5백 미터쯤 되는 고산마을에 '활불'이라는 한 노승이 마을 사람들에게 축복을 해주려고 왔다. 노승은 어린애처럼 연방 코를 흘렸고 눈빛은 흐릿했다. 나는 노승에게 물었다.
"행복으로 가는 길이 어디에 있습니까?"
노승은 눈을 깜박깜박하다가 히잇, 웃고 나서 겨우 장난스럽게 손가락으로 내 가슴을 꼭 찔렀다.
"행복을 찾고자 한다면 너무 멀리 왔네. 자네 가슴속을 들여다봐. 행복으로 가는 비밀스런 문이 거기 있어."
노승의 손가락이 그렇게 말했다는 걸 내 나라로 돌아와서야 나는 알았다.

부탄, 어느 산배미 밭에서 일하는 농부에게 물었다.

"농토를 더 늘리고 싶지요?"

"아뇨. 농토가 늘어나면 더 일해야 하고, 그럼 사랑하는 가족과 함께 있을 시간 줄어들 텐데, 내가 그런 짓을 하겠어요!"

3

소통은 향기로운 큰길이다

해답은 나부끼는
바람 속에 있다

내 가슴속은 일종의 묘역이다.
나는 사랑하는 이와 헤어지면 가슴에 묘지를 쓴다.
첫사랑 그녀, 이념적 불화로 결별한 그 친구, 혹은 사소한 오해로
이제 만나지 않는 그 선후배들도 그 묘역에 모두 모여 있다.
잠 안 오는 밤 나는 어김없이 그 묘역을 서성인다.
오늘 밤도 그렇다.

나를 키운 것은 8할이 길이다.
그러나 길의 8할을 나는 잘 모른다.
그게 문제다.

밥 딜런은 노래했지.
'해답은 나부끼는 바람 속에 있다.'
그래서 생각한다.
나는 아직 더 먼 길을 걸어야 하는 거라고.
지쳤다고 말해선 안 된다고.
길은 남아 있으며 그 남은 길은,
걸어온 길보다 조금이라도
더 아름다운 길일 거라고.

오래 지나고 보면 나든 너든,
누구 때문에 헤어졌다는 생각은 들지 않는다.
사랑하는 사람과 헤어지는 건
모두 나부끼는 바람 탓이다.

나는 침묵하고 싶지만 세상은 내게 말하라고 한다. 그 사이에서 자주 내 몸이 찢어진다. 발언이라고 부르는 그것은 소신이나 진정성에 상관없이, 세상의 판을 오히려 가르고 증오심을 부추기는 결과로 쓰일지도 모른다. 그렇다고 침묵이 더 좋은 길이라고 말할 수도 없다. 아우성의 이 세상에서 내 가슴속 진정을 지키는 최선의 길은 과연 무엇일까.

여행지에서 돌아와 열흘치 쌓인 우편물을 정리했다.
사랑의 편지는 거의 없다.
8할이 고지서. 홍보용 책자, 광고지 등이다.
우편물마다에서 아우성이 막 들린다.
폭발하는 욕망을 한꺼번에 보는 것 같아 질린다.

길은 멀고 혜안은 부족한 것이 문제로구나.

어떤 건 잊어서 좋고 어떤 건 안 잊어야 좋은데, 나이로 인한 건망증은 예절이 없다. 잊어서 좋은 건 죽어라 안 잊히고, 잊어서 안 될 일은 싸가지 없이 쉽게 잊는다. 비극이다.

남자는 영원한 유목민이지. 그래서 불쌍해.

비가 와서 산책은 포기하고 책 읽어. 독서도 산책이지. 뒤꼍에서 젊은 새들이 막 웃는 소리 나고 앞쪽 호수는 적요한 암회색이야. 이런 날은 대문 쪽에 괜히 귀를 기울이게 돼. 멀리서 그리운 누가 오나 하고.

함께 놀 때도 사람 '사이에 섬'이 있다.
문장과 놀면 섬이 없다.

혼자서 잘못 쓴 파지들을 태운다. 꿈의 시체를 태우는 거 같다.

버리고 온 옛 꿈이 자꾸 생각나면 가을이다.

좀 돌아봐. 당신이 버린 옛꿈들이
검은 망토를 입고서
지금 당신 등 뒤에 서 있잖아!

시간은 끝끝내 품을 수가 없다.
스러진 봄꽃, 흔들리는 잎사귀,
아스라한 바람소리,
그런 이미지들.
그러니 오늘 이 순간을 붙잡는 게 제일이다.

호숫가, 체로 밭쳐낸 햇빛과
하늘을 품은 물빛 사이의 가을을 걷는다.
이런 날에는 되돌아올 길 다 지우면서 가고 싶다.

가을은 어디에서든 근원으로 가는 길을 만난다.
사랑도 가을 사랑이 깊다.

가까운 곳에서 송아지가 아까부터 음매, 자꾸 운다. 어미가 어디 간 것일까. 나도 모르게 나는 중얼거린다. "괜찮아. 엄마 곧 올 거야. 괜찮아. 괜찮고말고!" 자꾸 중얼거리다 보니 내가 나한테 하는 말 같다. 아아, 엄마가 와야 한다.

봄엔 황홀한 슬픔.
가을엔 장엄한 슬픔 있다.

나는 아직도 사랑을 모르지만
사랑의 끝이 대체로 슬프다는 건 알고 있다.

마음을 머물게 하는 건
바람을 머물게 하는 것보다 더 어렵다.

살아생전
마음 하나, 둥글어지고 싶다.
소망은 그뿐이다.

사위가 고요하면
세계가 두 배로 넓어진다

땅 끝에 밀려와 있는 느낌이다. 이상한 건 서울에서 자주 함께 있을 때보다 먼 변방의 여기에 오면 서울의 당신들이 더 가깝게, 친하게 느껴진다는 것이다. 군중 속 고독이라는 말 알겠다. 여기 밤은 인적조차 없는데, 서울에서보다 훨씬 덜 고독하다.

이렇게 말하고 싶어.
어둠에 감사하라고.
밤이 없다면 구원받지 못할 거라고.
밤이 아니면 사랑을 볼 수 없을 거라고.
한낮의 말들은 믿지 말라고.
혼자 있을 때 들리는 목소리를 따라가라고.

외딴 호숫가, 밤이 되면 심해처럼 어둡고 고요하다. '참이슬' 한 병이 탁자 위에서 시시때때 나를 본다. 나도 시시때때 그를 본다. 피차 예사롭지 않은 눈싸움이다. 어둠과 고요가 깊으면 모든 사물이 인격을 획득한다. 때론 친해지고 때론 배타적 관계가 된다. '참이슬'과 나의 관계도 그렇다. 어느 날엔 내가 이기지만 대개는 '참이슬' 저 맑은 독부에게 내가 지고 만다.

사위가 고요하면 세계가 두 배로 넓어진다.
그리움이 커지기 때문이다.

머리는 날로 희고
가슴은 날로 붉어지니 큰일이다.

히말라야 산협 별빛 아래에선
산맥이 돌아눕는 소리도 들을 수 있다.

밤 깊어 우두커니 혼자 앉아 있으면
가슴이 그리 아프다.
사랑하는 당신들 때문이다.
'잎새에 이는 바람소리' 때문이다.
나이 들면 멀리 있는 사람들의 한숨소리까지도
환히 들리는 귀가 되나 보다.
낮은 한숨소리,
비명소리,
당신들의 아우성은
왜 깊은 밤 홀로 있을 때 더 잘 들릴까.

고요는 힘이 세다.

어제 서울로 갔다가 오늘 호숫가 외딴집으로 돌아왔어. 그곳의 네가 화려한 밤 불빛에 끌려나올 때쯤, 난 이곳에서 어둠이 지우는 호수의 실루엣을 봐. 우린 다른 별에서 살고 있어. 난 알아. 너의 그 화려한 별에서 단지 우리는 사랑의 연출과 그 리액션에 익숙했었다는 거.

'와초재' 뜰에 나갔더니 어둠이 젖은 면내의처럼 달라붙는다.
어둠 속에 웅크리고 앉아 우두커니 호수를 본다.
어두운 호수가 어느 날의 당신, 그 어스레 굽은 등 같다.

나뭇잎이 다 지고 나니 감춰졌던 까치집이 낱낱이 보인다.
아무렴, 욕망의 무성한 잎이 다 져야 내 본체가 뵈겠지.

정보의 대부분은 기실 소문 같은 거야.
거기 휩쓸리면 자기 생각이라 믿었던 것들이 날아가버려.
그래서 세상의 진보가 더딘 거야.
부디 산만한 주위를 물리고 자기 목소리 좀 들어봐.
가짜 너머 더 깊은 곳에 내 생각이 있는걸.
제 목소리도 듣지 못하면서, 뭘 어쩌려고?

모처럼 밤기차 탄다.
흐르는 건 기차가 아니라 밤풍경이다.
세상이 재빨리 다가와 연거푸 쓰러져 눕는다.
달리는 것과 머문 것 사이가 얼마나 먼지 알겠다.

어둠은 무섭지 않다.
정보화는 사랑의 씨를 말린다.
삶은 더러 어두운 방이 있어야 한다.

사람이
곧 자연일진대

비 오는 날은
외부세계가 어두운 대신
내부세계가 밝아진다.
자신을 변혁해 갱생시킬 수 있는 절호의 찬스다.

숲이 아침저녁 울창해지는 걸 보니 결국은 가을이 올 것을 알겠다.
사람들이 꾸미고, 욕망하고, 분주히 달려가는 것을 보니 결국은 삶이
유한한 것을 알겠다.

가을은 부드럽게 와서,
황홀하게 타올랐다가,
마침내 통 큰 관용으로 장엄하게 침몰한다.
닮고 싶다.

햇빛과 물빛과 산빛이 하나로 섞여 경계가 없다.
자연은 가름을 짓지 않는다.
제 몫몫 고유하면서도 끝내 부드럽게 통합된다.

가만히 들여다보면 삶은 그냥, '소소한 풍경' 같아.

밤바다, 이렇게 어둠의 거대한 덩어리인데
아침이 되면 어디서
그 푸른 물감이 좌르르르, 솟아나는 것일까.

바다가 희다. 햇빛 때문이다. 바다보다 더 품이 넓고 깊은 게 햇빛이라는 걸 오늘 알았다. 햇빛은 중심도 변방도 따로 없다. 계급이 없고 좌우도 없다. 아, 햇빛은 민주주의다. 생명의 본래 성질이 그렇다.

아득해라, 이 계룡산 국사봉! 어느 먼 풍진의 길을 돌아 나 이제 여기 다시 온 것일까.

고등학교 2학년 때였지. 자살미수범 내게 "너에겐 책 귀신이 붙었어. 그걸 떼어내야 네가 산다. 그러니 여기에서 마음을 닦아 책 귀신을 네게서 떼어내거라!" 하시며 아버지가 나를 유폐시켰던 곳.

내가 머물렀던 국사봉 7부 능선의 그 집이 아직도 남아 있다는 게 놀랍다. 열여덟, 생의 어둠에 눌려 산 너머 산을 아득하게 바라보던 능선 길도 그대로다. 반세기 전의 일인데, 산은 여전히 불멸이다.

저 봉우리는 시간 따라 먼 도시로 흐르고 흘렀던 나를 줄곧 내려다보고 있었을 것이다. 저 봉우리가 나를 다시 불렀을까. 산처럼 높고 깊은 건 살아서 이룰 수 없는 한낱 꿈일지니.

강은 애초 흐르기 위해 놓여진 것, 둑을 막아 강을 살리겠다는 것은 어리석기 한정 없다.

새로운 삶의 패러다임을 온몸으로 보여준 스콧 니어링도 그의 자서전 『조화로운 삶』에서 말했다.

땅을 일구고 살면서 '평생 성공하지 못한 유일한 일이 있다면 흐르는 물을 막는 것'이었다고.

그러니 저 '4대강 사업'이라는 건 실패할 게 분명하다.

우리의 치수사업은 여전히 구부러진 물길을 펴거나 흐르는 물을 인위적으로 막는 수준에 머물러 있다. 수천, 수만 년 수많은 시행착오를 거치며 제 스스로 완성한 물길인데.

햇빛 정갈하고 물은 짙푸르다.
고요한 뜰에 앉아 있다가
누가 부르는 거 같아 고개 돌려 보았더니
배롱나무 죽은 줄 알았던 가지에 새잎이 돋았다.

여인아, 네가 지금,
배롱나무 신록으로 날 홀리는구나.

모내기 앞두고 논마다 물 가득 차 풍성하다. 이 한철을 기다려, 긴 겨울 저 논이 제 몸 비우고 낮게 엎드려 있었던 모양이다. 생성은 몸 비워 기다린 몫을 생으로부터 부여받는 것이겠지. 물 가득 찬 저 논이 되고 싶다.

히말라야가 그립다. 그곳에 가면 신을 가까이 느낄 수 있다. 문명의 비극은 초월에의 꿈을 버렸기 때문일 것이다.

문명이란 겨우,
기를 쓰고, 흙으로부터 멀어지려고 하는 것.

나이 든다는 건
축복도 아니지만 형벌도 아니다.
늙는 것은 그냥 자연일 뿐이다.

산수유는 밝은 가운데 어둔 빛이 섞여 있다.
밝은 척 살고 있는 우리네 표정 닮았다.

빗속에서 자작나무와 라일락을 몇 그루씩 심는다.
나무를 심는 건 먼 앞날을 기다리겠다는 뜻이다.

단풍 절정이다. 저 황홀한 붉은 빛은 조만간 남김없이 홀홀 져도 좋다는 자신감에서 나오는 것이렷다. 욕망을 오직 붙잡고 있으면 저리 아름다울 수가 없다.

낙엽 한가득 떨어져 있다.
낙엽은 썩어 다시 뿌리로 간다.
신록의 빛 속에는 알고 보면.
낙엽의 뼛골이 깃들어 있다.

정직하지 않은 소통이란
조화 같아서 깊은 향기가 없다

세계가 얼른 좋아지지 않는 것은
우리가 안전을 위해 늘 차선의 길을 선택하기 때문이다.

세상은 정치적 메시아를 갈망한다. 나는 삶의 본원적 메시아를 그리워한다. 정치적 메시아를 기다리는 마음은 자본에 붙잡혀 있고, 본원적인 메시아를 기다리는 마음은 삶의 유한성에 붙잡혀 있다. 두 가지 갈망은 여간해서 합쳐지지 않는다. 오늘날, 자본주의적 폭력성을 비켜갈 수 있는 정치적 대안이 과연 가능한가.

이메일, 트위터 등은 소통의 확장인가, 소음의 확장인가.

정파주의에 사로잡힌 사람들의 목청 큰 목소리들 듣다 보면 우리, 너무 적개심에 차 있는 건 아닐까. 너무 찢어지고 있는 건 아닐까. 너무 배타적인 건 아닐까. 그런 생각이 든다. 부메랑이 되어 자신을 더 고독하고 황폐하게 만들지 모르는데 아무런 성찰도 없이 강한 발언만을 쏟아내는 사람들을 보고 있으면 가슴이 콱콱 막힌다. 우리를 이렇게 갈라놓고 뒤에서 은밀하게 '이득'을 챙기는 자들의 검은 손이 보인다. 명분 너머의 배후에서 남몰래 '적과의 동침'도 불사하는 저 오염의 덩어리들. 기득권의 천박한 똘마니들.

마주하고 있을 때 친하다고 여긴 사람도 헤어져 돌아가면서는 영, 그를 모르겠다는 생각이 들 때가 많다. 가짜로의 소통은 원만한데 정직성으로 소통하긴 어렵다. 정직하지 않은 소통이란 조화 같아서 향기가 없다.

먼저 나로부터 분리된 나를 데려와 나와 합쳐야지.

세상은 오늘도 나를 나로부터 분리하려고 혈안이야.
본마음을 잘 지켜야 행복해질 텐데.

여기 시골 방은 가구가 별로 없어 좋다. 방마다 거만하게 들앉은 가구들의 욕망에 찬 주둥이를 보라. 안을 가득 채워줘도 그것들은 늘 목마른 표정이다. 겨우 저놈의 가구들 때문에 현대인은 쉴 수가 없는 거구나.

과거에 비해 오늘 우리가 과연 더 자유로워졌는지에 대해서 나는 회의적이다. 어디서든 자본과 나, 패거리와 나의 관계밖에 없는 것 같다. 존재의 참 자유가 깃들 여지가 없다.

사람 속을 아는 일은
천 길 물속을 들여다보는 것보다 어렵다.

사랑에의 전략은 좀 낡았지만 그래도 진정성이 제일 나아. 상대편이 못 알아볼까봐 걱정할 필요는 없어. 사랑의 진정성 알아보는 데 있어 사람들의 9할이 다 만신이니.

관계에서도, 이마에 신호등 있으면 좋으련만.
사랑의 전선에서도.
마주 앉았을 때 '당신 좋아요'면 파란불,
'망설이고 있어요'면 점멸등,
'싫어요'면 빨간불.

혼자 걷되 함께 걷고
함께 걷되 혼자 걷는 법 알면
인생길 걷기 훨씬 수월하다.

내가 산을 좋아하는 건
골골 깊어 한눈에 다 뵈지 않기 때문이다.
비밀이 깃들어 있기 때문이다.
비밀이 없는 인생은 삭막하다.

오랜 작가 친구와 계룡산을 오른다. 쌍태극형상의 계룡산은 정감록을 바탕으로 미륵신앙의 본거지가 된 바 있으니, 후천개벽의 새 세상을 계룡산 상봉에서 발원할 생각이다. GDP가 오를수록 서열은 더 세분화될 것이다. 이제 혁명은 불가능하다. 오늘날 자본의 독재는 전선이 분명하지 않기 때문이다. 내적폭발의 시기가 오면 스스로 허물어져버릴 것들.

먼 나라를 다녀왔다. 나는 왜 늘 여기로 돌아올까. 사랑하는 이들이 여기에 있기 때문인가. 아니다. 여기에 모국어가 있기 때문이다. 모국어를 쓰는 사람들이 있기 때문이다. 모국어란 말만 들어도 눈물 나는 느낌, 모든 게 거기 깃들어 있다. 모국어는, 얼마나 아름답고 귀하고 깊은지.

만족 모르는 문명은 백 프로 망하게 돼 있다.

신문 읽다 보면 슬픔, 분노, 절망이 나를 사로잡는다. 내가 나 때문에 우울해지는 것도 버거운데 세상 또한 날 돕기는커녕 자꾸 흔드니 고통일밖에. 뉴스로부터 도망가고 싶다. 세상의 저 욕망으로부터 피난가고 싶다. 혼자 도망가면, 비윤리적일까.

내 가슴이 비에 젖고
당신들 가슴도 비에 젖어서,
그 가슴들 하나로 모으면
아마 푸르고 깊은 저 호수가 되는 거겠지.

우리, 너무 메말랐잖아.
사막화를 끝내야 해.

삶은 아주 많은 거짓 희망과
아주 적은 참 희망으로 이루어져 있다.

세계가 부풀리는 거짓 희망에 현혹되지 마. 지금은 모르겠지만, 훗날 삶이 텅 비어 있다고 느낄 때, 그 거짓 희망들이 내 인생에 얼마나 치명적으로 작용했는지 알게 돼. 그때 때늦은 회한이 가슴을 치지. 그러니 눈 부릅뜨고 봐. 감성에만 의지하면 더 그렇겠지. 그 무엇보다 눈이 좋아야 해.

삶은 한순간도
우연이라는 게 없다

젊을 땐 가진 게 없어, 늘그막엔 나이가 무거워 망설였다네. 이러다가 날은 저물고, 그때 비로소 느끼겠지. 생이란 순간순간이 쌓여 이루어진다는 것. 뭐든지 늦게 알아차리는 것, 그것이 문제야.

오늘 하루 '잘' 살았다.
열심히 일했고,
그러면서 사랑을 잃지 않았기 때문이다.
열심히 일하고, 사랑을 잃지 않으면 '잘 사는 것'이다.

종일 푸른 숲을 내다본다.
나무들 하나하나는 더러 쓰러져 죽지만
어린 나무들이 새로 자라 그 자리를 채우므로
숲은 언제나 영원하다.

세상과 역사가 그렇다.
이 세상에 존재하면서
나는 자주 이 세상에서 실종된다.
세상에 온전히 소속되지 않는다.
세상에서 실종된 나는 어디에 있는 것일까.

서해 바다 가운데로 요트를 타고 나갔다. 놀이 번졌다. 너무 좋아서 죽음과 삶의 구분이 모호해졌다. 바다에 뛰어들었다. 사람들이 행여 내가 죽을까봐 여기저기, 막 호루라기를 불었다. 나는 상한 데 하나 없었다. 다만 호주머니 속의 휴대폰이 바다에 젖어 먹통이 됐다. "번호 못 살려요. 벌써 안에 녹슨 거 보세요!" 휴대폰 애프터서비스 젊은 직원이 말했다. 수천 개의 전화번호가 날아갔다. 저장된 전화번호가 하나도 없는 새 전화기를 샀다. 아내 전화번호도 없었다. 자식들 전화번호도 없었다. 친구들, 거래처 전화번호도 없었다. 그들 모두가 지워진 느낌이 들었다. 무지하게 홀가분했다. 그런데 아, 캄캄했다. 우주에 나 혼자 남은 것 같았다.

평생 혼자될까봐 두려워
기우뚱기우뚱 달려온 느낌이구나.

사람보다 그리운 게 없고
사람보다 징글징글한 게 없다.

사람에게서 도망친다고 생각한 순간조차
돌아보니, 아, 사실은 그리운 당신들을 향해 달려가는 길이었다.

한참 지나서 생각해보면, 모든 것이 다 내 탓이었다.
그때 가장 아프다.

내가 가장 슬픈 건 이런 거야. 한두 번의 작은 실수로, 수십 년 쌓아 왔다고 믿었던 우의가 단번에 와장창 깨져나가는, 우리 현대인들의 유리창 같은 '관계'의 허망함.

관계에서 비롯되는 오해와 상처는 빠르고 바른 '해결'이 없다. 1. 받아들이고 2. 시간을 견디며 3. 그냥 걸어가는 게 상수다. 인간심리는 상상 이상 오묘하고 이상하기 때문이다.

관계의 상처란 8할이 오해에서 비롯된다.

나를 가깝게 느꼈다면 당신이 나에게 다가온 것이고 멀리 느꼈다면 당신이 나에게서 그만큼 물러난 것이다. 나는 그냥 거기 있을 뿐이다. 당신 혼자 내게서 멀어졌다 가까워졌다 하면서 그 평계를 열심히 내게서 찾았던 것이다. 그 반대의 경우도 그럴 테지. 서로 원망하거나 미워할 때조차 오, 우리는 대개 거기 그 자리에 있는데.

폭풍처럼, 여름이 떠나갔다.

가을을 '여름이 타고 남은 재'라고 했던가.

가을이 왔으니 이제

나는 내 등잔에 새 기름을 채우려 한다.

가을밤 깊으면

부디 내 방 등불에게로 다가와주기를.

여름은 샹들리에, 가을은 등롱이라지.

등롱은 오로지 마주앉은 당신과 나만을 비출 뿐이다.

아니 나와 나만 고요히 마주 앉는 일.

모든 열매는 새로운 탄생의 숙주이기 때문에

혼신을 다해 스스로 맺고 익는다.

생성을 꿈꾸는 자만이 결실의 기쁨을 만질 수가 있다.

가을은 그런 계절이다.

비록 새들처럼 날개는 없지만 사람만이 그 상상력과 통찰력으로 능히 우주를 품을 수 있다. 비행기를 발명해서 만물의 영장인 게 아니다. 만물 중 상상을 통해 추상의 가치를 보고, 이해하고, 경외하는 건 사람뿐이기 때문이다.

아내가 좀 전 캔 쑥으로 쑥국을 끓인다. 봄 냄새 난다. 아내의 된장국이 내 입맛에 맞춰지기까진 15여 년쯤 걸렸다. 모든 일엔 시간의 시험이 기다리고 있다. 사랑도 그렇다.

참된 아름다움은 시간의 더께가 빚어내는 것.

내가 느끼는 번민, 쓸쓸함, 불행의 대부분은 기억에서 오는 것이다.

북악 뒤 작은 카페,
길가 의자 옆에 이렇게 씌어 있다.
"그냥 앉았다가 가셔도 돼요."
그 말씀이 너무 고마워 맥주 두 병을 주문해 마셨다.
행복했다.

아버지가 지은 이름은 '신범'이었다. 면서기 잘못으로 '범신'이라 등재됐다. 신범이었으면 어떤 삶을 살았을까. 이름엔 그 이름의 운명이 깃들어 있다. 난 다른 이의 삶을 살고 있는지도 모른다. 다른 세상에서 진짜의 내가 '신범'의 운명에 따라 '신범'으로 살고 있을 것 같다.

마당 나무들 빽빽하다. 생을 대하는 태도 두 가지. 가령 자랄 걸 염두에 두어 여백을 두고 나무를 심자는 아내와 당장 보기 좋게 다 채워서 심자는 나. 아내는 앞날을, 나는 지금을 보는 것이다.

앞날을 보고 기다릴 줄 알기 때문에
여자에게 자궁이 부여된 모양이다.
남자는 현재를 볼 뿐이다.

생의 이면에 도달하는 어떤 길도 찾을 수 없다면,
정말 그렇다면,
내가 왜 지구를 축내며 계속 살아야 하는가.
고통스런 질문이다.

소금은 단맛, 신맛, 쓴맛, 짠맛을 다 가지고 있다.
인생이 그렇다.
상상력은 길을 잃어야 발현돼.

길을 찾기 위해 길을 내지.
사람에게 가는 길도 그래.
보편적인 길 가면 보편적 관계에 이를 뿐이야.
고유한 길을 찾아야지.

보편적 길은 쓸쓸함을 다 구원하지 못하고,
고유한 관계는 위험이 크니 문제야.

자본의 매커니즘이 우릴 둘러싸고 있어. 우리들 개인은 고립무원이야. 5천만 민족 모두가 비즈니스맨이 되는 데 불과 반세기밖에 안 걸렸는걸. 주체로서의 자유를 우리가 모두 갖는다면 훨씬 살 만한 사랑의 세상 될 터인데.

세상이 금지한 것과 허용하는 것, 내가 금지한 것과 허용하는 것의 순위가 다른 건 비윤리적인 게 아니다. 비윤리적인 것은 환경에 따라 아무런 개연성도 없이 수시로 그 규칙을 바꾸는 것이다.

잠이 들면 잠들지 않는 내 영혼은 어디 머물까.
아마 다른 별에서 다른 언어로
다른 당신들과 사랑하며 살고 있을지 몰라.

삶은 일종의 질병이다.
병이 아니라면 삶의 경이로움도 없다.

열정은 삶의 병을 이기기 위한 면역체계 같은 것이다.

4
—
열정은 사랑이다

문학,
목매달아 죽어도 좋은 나무

고요한 길은 고독하고
넓은 길은 불안하다.

내가 왜 외로운지 알겠다.
사람에서 떠나고,
사람으로 돌아가는,
두 길 사이에 내가 있구나.

어떤 날 호숫가 외딴집 '와초재'에 찾아온 낯선 남자.

"할 말이 많이 있어서 물어물어 찾아왔지요."

초로의 남자로서 먼 바닷가 마을에서 여러 시간 기차를 타고 왔다고 한다. 차 한 잔을 놓고 우린 마주 앉는다. 그이는 그러나 계속 말이 없다. 한참을 앉아 있던 그이가 일어선다. 해가 저물고 있다.

"할 말이 있어 찾아왔다고 하셨는데."

참지 못하고 내가 다잡아 묻는다. 그이의 눈빛이 어두워지기 시작한 호수 먼 데로 날아간다.

"할 말…… 뭐 이미 다 했는걸요……."

눈인사를 하고 나서 그이가 휘어휘어 대문 밖으로 나간다. 그이의 등이 깊다. 작가를 '말하지 않아도 들을 수 있는 사람'이라 여겨준 참 어여쁜 사람이다.

합일을 꿈꾸는 게 글쓰기지.
결핍된 여기와 그리운 저기 사이,
사실과 추상 사이,
당신과 나 사이에 사다리 놓기.

오로지 문학을 믿어서 오로지 그 길을 가는 건 아니다. 다른 길보다 낫다는 믿음이 첫째, 다른 길보다 사랑하기 때문임이 그 둘째, 다른 길보다 더 열심히 걸을 수 있다는 나만의 황홀이 그 셋째다.

작가는 최대한 명징하게 설명하려 하지만 언어는 늘 너무 한정적이다. 말하지 않는 게 훨씬 넓은 테두리를 갖기 때문이다. 원고를 쓰다 말고, '침묵으로 쓰는 소설'은 없을까 생각한다. 언어보다 깊은 침묵.

문장이 문장을,
말이 말을 줄줄이 불러오는 거,
신명은 나겠지만 믿지 마.
생각이 문장을 불러오기를 기다려.
머뭇거리는 습관이 짱이야.

감성. 역동적인 거지. 날 감성적이라 말하지만, 젊은 한때는 '면돗날감성'이라 불리기도 했지만, 감성은 작가인 나에게 무기이자 곧 적이야. 감성에 잡아먹히고 말면 내 진실이 얼룩에 묻히는 결과가 나타나거든. 그래서 그것을 넘어서려고 평생 노력했지만.

"잎새에 이는 바람 소리에도 괴로워"할 만큼 예민하다면
글감은 끊어지지 않아.

냉온탕 오가면 피부에 탄력이 생기듯이,
내 안에서 추락과 상승 거듭해
내적긴장을 끌어올리면,
상상력은 절로 확장돼.

'호수가 비에 젖는다'는 문장, 맞는 문장일까. 물이 물에 젖는다는 말인데. 서재에 앉아 밖을 내다보며 '내 가슴이 비에 젖는다' 이것도 맞는 문장일까.

빗소리가 음악 같다. 앙드레 지드 왈 "나는 문장을 예민한 악기로 만들려고 한다" 했는데, 나는 문장으로 감히 독자들을 예민한 악기로 만들고 싶은 욕망 때문에 쓴다. 내 문장에 의해 내면에서 생생한 목소리 혹은 억압돼 있던 음률이 솟아오를 미지의 독자들을 상상하면, 흥분된다.

허리 때문에 누워 있다. 쭉정이가 된 느낌이다. 나의 문제는, 글 쓰고 있지 않으면 거대한 우울이 내 안에서 확장돼 나를 제 먹잇감으로 삼으려 든다는 것.

읽는 이는 날로 줄고 쓰고자 하는 이는 날로 늘어나는 요즘이다. 이상한 일이다. 가장 남의 글을 안 읽는 집단이 작가, 작가 지망 그룹이란 말을 들은 적도 있다. 글쓰기엔 자기반영성이라는 '황홀감'이 숨겨져 있는 게 사실이다. 사람들은 글쓰기의 소통을 말하지만 글쓰기는 소통을 등지게 될 위험도 항시 갖고 있다. 그게 문제다.

문학순정주의랄까, 오로지 작가로 말하고, 작가로 먹고, 작가로 잠자고, 그렇게 작가만으로 생을 시종하고 싶은, 문예반 소년 같은 지향이 내게 있어. 이런 소박한 순정이 용인될까 불안할 때도 많지만, 이런 어지러운 세상에서, 이것이야말로 나의 최초이자 최종병기라고 나는 생각한다. 순정이 없다면 세상의 가속적인 오염화를 내가 어떻게 막아내겠는가. 순정이 없다면 무엇으로 주저앉으려는 나를 지탱하겠는가.

어떤 사람은 나보고 '중도좌파'래. 문학을 몰라서 하는 소리야. 현대문학은, 그 본질은 더 가난한 자, 더 상처받은 자, 더 부자유한 자, 더 부족한 자에게 사랑과 관심을 기울이는 것인데, 그러면 이 나라에선 무조건 좌파 딱지를 붙이려 들어. 웃기지 마. 나는 중도좌파가 아니라, '문학파'야. '문학예술파'야. 그러니 언제나 나를 그냥 '작가'라고만 불러줘.

글쓰기는 자기 살 파먹기,
알맹이는 소진되고 꺼풀만 남는.

오로지 좌, 우만 앞세워 사람들을 끝없이 갈라 기득권을 얻으려는 편협한 종파주의자들에게 나는 말하고 싶어. "엿 먹어라!" 진보를 가장한 진보 상업주의자들에게, 보수를 가장한 보수 상업주의자들에게 나는 말하고 싶어. "엿 먹어라!" 학벌만을 앞세워 오로지 양지로 가려는 엘리트 장사꾼들에게 나는 말하고 싶어. "엿 먹어라!" 나는 인간주의 이데올로기만 섬기고 살아. 나는 그것을 문학에의 순정으로 지켜가고 싶어. 너무 소박한가? 천만에. 당신들이 가리키는 것보다 문학이 더 성지에 닿아 있는바, 내가 왜 당신들의 천박한 수준에 맞추겠어? 나, 순진하지만 멍청하진 않아. 나를 끌어들여 데리고 놀 생각은 오, 노 땡큐.

내 모든 발언, 희로애락, 제스처도 '문학 환자'라는 관점으로 받아주길. 나이는 상관없어. 나의 문학제일주의와 내적 상상력은 나이 들지 않으니까. 조심해, 글쓰기에서, 내 총은 늘, 위태롭게 장전돼 있다고.

글쓰기는 더욱 진지하고 뜨겁게,
일상은 나날이 더욱 허랑하게, 이중인격으로다가.

적요 속에서, 어제는 인위적 정서의 업up, 오늘은 자연스런 다운down이다. 이 '업'과 '다운'사이, 이 위험한 벼랑길에 나의 문학적 생산력이 있다. 위태롭지 않으면 상상력이 어디서 나오겠는가.

커피잔 들고 뒤뜰로 나갔더니 새들이 휙휙 머리 위로 지나 호수로 간다. 저것들, 영 버르장머리가 없다. 하기야 나보다 더 넓은 터에서 자유롭게 사니 뭐 그럴 만도 한 일이겠다. 그렇다고 저것들이 부럽진 않다. 내겐 상상력의 날개가 있다. 새들보다 더 멀리 못 갈 것도 없다. 나는 수시로 멀고 먼 별에도 다녀오는데.

중요한 건 생을 관통하는 일관성이야.
나는 작가보다 '예인'이라고 불러줄 때가 더 좋아.
'예술파 작가'로 일관성 있게 가고 싶어.
그런 의미에서든 내게 변절은 없을 거야.

가슴속 붉어도 붉은 거 들키지 않고
슬픔이 깊어도 눈물을 드러내지 않고
기름기 쏘옥 뺀 단아한 '흰 그늘'로
저기 저 잎 진 겨울나무 같아지는 꿈
오로지 문장의 창槍 하나 비껴들고
먼 길 붉고, 깊게, 걸어가는 꿈.

히말라야 가는 사람들은 대개 상처가 많다. 작가를 찾아오는 사람들도 그렇다. 높은 산은 지각변화나 화산폭발 등의 상처들이 오래 쌓여 이룬 것이고, 작가는 남의 상처를 내 것처럼 이해하는 그 두께로 존재하는 사람이기 때문이다.

소설 쓰며 젤 힘든 땐 시작하기 직전이야.
매번 그만두고 싶지.
무섭지.
그래서 시작 안 할 이유만 하루 종일 찾아.

소설 쓰기가 끝났을 때? 상상하듯이 충만한 건 아니야. 길을 잃지 않고 제 출구를 찾아 간신히 나온 안도감 정도. 소설 쓰기는 그 과정에서 종종 길을 잃기도 하거든. 안도감도 뭐 아주 짧아. 안도감이 끝나면 길고 긴 추락의 감정 찾아오지. 쓸쓸한.

떼를 짓거나 굳이 바로 곁에 내 편을 모아놓지 않아도 불안하지 않은 게 문학의 길이다. 작가는 철저히 '독고다이' 단독자로 살면 구르는 물속 자갈처럼 이끼 낄 새 없다. 그런 점에서 문학은 나의, 내 삶의 영원한 방부제다.

사랑하는 후배 출판인이 말했다. "형님은 작가로서 평생 너무 전략이 없으셨어요." 그 후배가 모르는 건 전략이 없는 그것이 나를 유지하는 최선의 전략일 수 있다는 것. 여전히 나는 문학순정주의를 유일한 전략으로 삼을 생각이다. 믿을 건 내 문장뿐이다.

날 작가로 키운 8할은 자학인지 몰라. 외부세계와의 불화가 자학으로 싹터 내적분열을 만들지. 그럼 늘 위험한 상태가 되고, 그 상태는 강력한 추동력으로 상상력을 밀어 올려.

45여 년 전 데뷔할 때 당선소감에 썼지.
"문학, 목매달아 죽어도 좋은 나무!"

한때 소설은 '밥'이라 생각했다. 요즘엔 소설은 '연인'이라고 생각한다. 수십 년 넘게 함께했지만 난 아직도 '그녀'의 일부만 가진 느낌이다. 한 연인에 대해 이처럼 집요한 욕망을 가질 수 있다는 게 스스로 놀랍다. 행복인지 불행인지 모르겠다.

글쓰기를 시작하면 모든 걸, 이를테면 인물 환경 배경 등 모든 걸 완전히 장악하고 있어야 한다는 강박증에 시달린다. 붓 가는 대로 쓴다면 신선의 작법이겠지. 신선의 작법도 있을지 모르나, 신선이 되면 왜 이 짓을 하겠는가.

젊을 때 나는 두 가지 약속을 했다.
하나는 작가로 죽겠다는 것.
하나는 아내 곁에서 죽겠다는 것,
아직 그걸 지키고 사니 더 바랄 게 없다.

감기 심하지만 써야 한다. 65세 이상은 소설을 쓰지 못하도록 형법으로 강제 제한하면 좋겠다. 써도 고통스럽고 안 써도 고통스럽다.

나는 현실보다 소설 속 상황을 더 정확히 기억한다. 내 지갑 속에 돈은 얼마 있는지 모르지만 내 소설 속 인물들의 지갑 속 돈은 얼마 있는지 언제나 기억하고 있다. 내가 지어낸 소설 속 인물을 현실 속 인물보다 더 가까이 느끼고 또 실체적으로 느낀다. 자주, 현실이 가상 같고 소설이 현실 같다. 그래서 요즘 내 영혼은 24시간 내내 새로 쓸 소설 '소소한 풍경'의 배경인 가상도시 '소소'에 산다. '소소한 풍경'을 쓰고 있기 때문이다.

운무 속의 저 계룡산.
첩첩 쌓인 산 풍경 가슴 시리네.
길 끝엔 무엇이 있을까.
산 너머엔 누가 있을까.
그래서 쓰고 또 썼던 게야.
문장으로 길 하나 크게 내보자면서.

누구나 가슴속엔 '시인'이 있지.
'시인의 친구'가 있지.

사람들은 여전히 나를 '청년작가'라고 부른다. 오랜 별칭이다. '청년작가'는 내게, 반은 맞고 반은 틀린 말이다. 감성은 여전히 '청년'이고 몸은 '노인'이기 때문이다. 위험한 포지션이다.

일상생활에서 나의 지향은 '원만한 균형'이다. 관계 맺은 사람들과 상처를 줄이려면 원만한 균형이 절대적으로 필요하다고 생각하기 때문이다. 그런데 이것은 작가로서의 내 꿈과는 도무지 맞지 않는다. 예나 이제나 그것이 괴롭다. 그래서 논산 '와초재' 현관엔 이렇게 쓴 패찰이 붙어 있다. "홀로 가득 차고 더불어 따뜻이 빈 집". 작가로서 혼자 있을 때 우주까지 가득 채우고, 당신과 사람으로 함께 있을 때 따뜻이 빈 마음으로 대하자면서.

SNS에 열심히 부응하면서 글을 쓰고 있다고 여기는 문학 지망생이 더러 있다. SNS는 문자문화 아니다. 본격적인 작가수업 하려면 오히려 SNS를 멀리하는 게 좋다. 트위터 등 SNS의 보편화로 문자문화는 오히려 실종됐다. 머물러 깊이 생각하는 일이 거세될 지경이니, 턱밑까지 위험한 문명이 치고 들어와 똬리 틀어도 알아차리지 못하는 상황이 됐다. 문자문화는 벽 너머 심층구조까지 보는 일일진대, 생각하지 않으면서 현상 너머의 이면을 어떻게 보겠는가. SNS의 보편화가 '신문맹시대'를 불러오고 있다면 과장일까.

다음 세상에서까지 작가로 살 맘은 없다. 눈 부릅뜨고 날마다 생의 이면에 도사린 오욕칠정을 보는 일, 얼마나 끔찍한가. 아하, 이런 생을 반복하고 싶지 않다.

다시 태어나면 목수,
아니 가수가 돼 '게릴라콘서트' 한번 해보고 싶다.
안대를 풀면 숨어 있던 수많은 팬들이
환호하며 모습 드러내는 콘서트.
작가에겐 독자들이 대부분 관념 속에 있을 뿐이다.
라이브, 그 날것에의 황홀한 충동.

문학은 오랜 불치병이다.

문학은
오욕칠정의 기록이다

평생 찾아 헤맸건만

여전히 당신에게 가는 길을 난 잘 모르겠다.

내 가슴속 화염병,

그 불길을 끄기 위해 썼지,

소설 '은교'

은교-롤리타라고? 아니야. 그거, 불멸의 꿈에 대해 쓴 거야. 시간을 넘어서는 일, 죽음을 넘어서는 일. 감히 죽음과 맞장 뜨며 삶의 유한성을 넘어서고자 고단하게 꿈꾸는 일. 말하자면 '은교'의 '이적요'는 죽음과 한바탕 피어린 정사를 나눈 자의 기록이라고 할 수 있어. 불온한 사랑에 초점을 맞춘 영화 '은교'를 보고, 원작소설에 대해 함부로 예단해 말하지 마, 제발. 치열한 존재론적 탐구를 다룬 작품이라고 여겨줘. 영화 광고에 담긴 한 줄짜리 문장들에게 속지 마.

글 안 써지는 날은 '서지우'의 고통에 즉각 직면한다. 나의 문장들은 오늘, 말할 수 없이 범박하고 상투적이며 동어반복투성이다. 수십 년 넘게 작가로 살았는데도 이렇다. 글쓰기란 도대체 면역성도 없다. 이럴 때, 책상은 지옥이 된다. 아!

창 너머는 맑고 안쪽은 어둡다.
세상과 내가 조화롭게 합쳐진다면 삶은 안정을 얻는다.
그러나 거의 불가능한 꿈이다.
문학은, 그 빛과 그늘 사이의 거리를
날마다 아프게 확인하는 일이다.

우리가 함께 오욕칠정을 가진 '사람'이라는 걸 받아들인다면 세대 차이는 극복이 가능하다. 나이 많다고 꼭 인생을 깊이 이해하는 게 아닌 것처럼, 젊다고 꼭 인생을 깊이 이해하지 못하는 건 아니다. 인생의 이해라는 점에선 나이는 서열이 없다. 그러니 나이 차이 있다고 해서 왜 친구가 되지 못하겠는가. 나는 때로 내 또래 친구들보다 어떤 젊은이와 마주 앉아 이야기할 때 훨씬 말이 잘 통한다고 느낀다. 젊은 당신들도 그럴 것이다. 나이로 배타적인 패거리를 이루는 건 세계를 좁히는 것이다.

작가가 불행한 것은 그는 쓰면서, 평생 인과론의 그물망에 갇혀 있으면서, 동시에 시간의 꼼꼼한 관리자로 살아야 하기 때문이다. 끔찍한 짓이 아닐 수 없다.

내가 그리워하는 모든 것이 들끓는 세상에 있고,
내가 반역하고 싶은 모든 것도 들끓는 세상에 있으니,
어쩐다?

소설책으로 파리를 잡는다.

어떤 책은 매양 헛손질이고 어떤 책은 파리가 잘 잡힌다.

파리가 잘 잡히는 책의 저자는 독종이겠지.

그 책을 먼저 읽는다.

작가라면, 아무래도 독종이라야 더 믿어지기 때문이다.

그야, '저 너머'에 무엇이 있는지 보고 확인하고 싶어서 쓰지. 저 산 너머, 저 벽 너머, 저 하늘 너머, 그리고 웃고 있거나 무표정한 당신 얼굴 너머, 그 속에 과연 무엇이 들어 있나 알고 싶으니까.

역사는 명분의 기록이지만

문학은 확인 불가하고,

틀에 가둘 수 없는 오욕칠정의 기록이다.

작가는 틀을 해체하며 틀을 만드는

말도 안 되는 일에 늘 매달린다.

진실로 내 편이라고 확신할 게 많은 사람은 행복하다.

사는 게 무위할까봐, 소설 쓰기를 한사코 핑계 삼고 또 우기며 사는 거지, 설마 소설의 생산만이 오로지 나의 꿈이겠어? 내 갈망은 소설 너머에 있어. 소설은 내 갈망의 그림자 같은 것일지도 몰라.

문화를 받아들임에 있어 폭력이란, 사회가 주입해준 고정관념과 그 잣대에 의지해, 자신의 무지와 감흥은 숨기고, 발언이라고 우기면서, 계속 큰소리로 소리치는 것이다. 그것이야말로 야만이며 폭력이다. 나는 손으로 만져서 확인한 발언만 발언이라 여긴다.

작가의 창조적 자아는 밀실에 존재하고
그의 사회적 자아는 광장에 존재한다.
밀실과 광장을 오락가락하는 게 작가의 삶이다.

범박한 고백이 되겠지만, 내게 문학은 처음부터 지금까지 쭉, 나는 누구인가, 하는 질문의 연속에 불과했다.

아버지야말로 위대한 텍스트다!

나는 '갈망의 3부작'을 썼다.『촐라체』,『고산자』,『은교』가 그것이다.『비즈니스』를 쓸 때 나는 '자본주의의 폭력성'에 대한 소설 몇 편을 더 쓰겠다고 했다.『비즈니스』,『나의 손은 말굽으로 변하고』,『소금』이 그 결과물이다. 이제 뭘 쓰나.

나는 가르치거나 주장하려고 쓰지 않는다. 다만 당신의 마음 어딘가를 건들고 싶다. 그런 점에서 내가 글을 쓰는 건 먼저 인물들에게, 그다음 독자들에게 거는 '작업'의 진지 모드라고 여겨진다. 1. 상대편 주목을 끌고 2. 감동을 주면, 작업은 대체로 성공이다.

유의할 것은 작가는 '이야기를 한다'가 아니라 '이야기를 쓴다'는 사실이다. 이걸 잠시도 잊어선 안 된다. 물론 '수다'보다 더 경계해야 할 것은 목소리가 커지는 일이다. '발언'은 어떻게 하든 잘 숨겨야 한다. 작가의 얼굴도 잘 숨겨야 한다. 좋은 소설은 '보물찾기'의 치밀한 프로그램을 갖고 있다. 내가 설계한 '게임'에 무저항으로 독자를 끌어들이도록 애쓸 것.

이야기를 '장악'한다는 건 내가 이야기를 꼭 의도적으로 만들고 지배한다는 뜻이 아니다. 춤추고 노래하는 기분으로 작가가 스스로 이야기에 실려갈 수 있다면, 그게 가장 화려한 장악이다.

'깊거나 도발적이거나'가 관건이다. 모범생 방식으로 뭘 해보겠다는 전략은 적어도 예술창작에선 좋은 전략이 아니다. 예술창작에선 b, c 학점이 없기 때문이다. 필수적으로 a가 돼야 한다. 뽑히는 건 단 한 편뿐이다.

구상 중인 다음 소설 집필에서 내가 가장 유의하고자 하는 첫 번째 항목은 이것이다. "계몽성을 단호히 배제하라!" 계몽성은 늙은 작가가 빠지기 쉬운 함정이다. 나는 이야기꾼일 뿐이다. 늙은 작가로서의 품위 따윈 갖고 싶지 않다. 사회적인 품위는 필요 없다.

피하려고 애쓰지만 때로 글쓰기에서 계몽적 포즈의 함정에 빠지는 건 외부에서 주입된 오랜 습관 때문이다. 주자학의 디엔에이가 박힌 우리의 보편적 독자 역시 이 습관에 젖어 있다. 거대담론을 슬쩍 건들고 가면 무조건 작가의식이 있다는 식으로 말하는 사람들이 많다. 싸구려 거대담론보다 차라리 구체적인 포르노가 낫다. 주입된 권위의식이나 고정관념들과 나는 계속 싸워나갈 생각이다. 의도적 계몽의식은 독창성의 무덤이다.

"왜?"라는 질문법은 본질에 이르게 하는 문이고 "어떻게?"는 현상으로 가는 문이다. 소설은 이 양 날개로 쓰이지만 '왜'에 방점을 찍는 게 현대소설의 특성이다. '어떻게'만을 좇으면 극적 드라마가 나올 수 있겠지만 참된 '현대소설'에 이르지 못한다. 예비 작가들이 흔히 빠지는 함정이 이것이다.

많은 사람들이 뻔한 '사교계'에서, 글을 잘 쓰고 싶다는 하소로 시간을 낭비한다. 그런 사람은 기실 거의 쓰지 않는다. 글을 잘 쓰고 싶은 욕망에 억압돼 있을 뿐이다. 글을 잘 쓰고 싶다면 지금 곧, 책상으로 가라. 쓰는 데 헌신해야 잘 쓸 수 있다.

고속도로 비에 젖는다. 수많은 사람들이 어디론가 달려가고 있다. '사람들이 간다'는 말은 내겐 곧 '이야기들이 흐른다'라는 말로 들린다.

고요한 뜰에 앉아 혼자 해바라기를 한다.
햇빛에 나의 내장이 비친다.
실존이다.
뜰 가운데는 죽은 늙은 매실나무가 있다.
생의 이면이다.
내가 써온 것들의 전부가
저 햇빛과 죽은 매실나무 사이에 있다.

어머닌 말했어.

"내 제사상에는 투구처럼 푼 이밥에다가 숟가락 꽂아놔도 자빠지지 않는 고깃국 한 그릇 놔다오!"

어머니 제삿날이다. 아내가 국물은 거의 없이 고기 건더기 위주로 소고기국을 푼다.

"꽂은 숟가락 넘어지지 않는 고깃국"은 단 한 문장으로 반만년 역사의 가난을 증언한다.

놀라운 문장이다.

어머니 표현을 내 문학이 여태껏 이기지 못하고 있다.

절실하지 않으면 문장은 힘이 없다.

절실하면 누구든 최고의 힘을 가진 문장을 불러온다.

열정은 삶의 병을 이기기 위한
면역력 같은 것

하늘이 티끌 하나 없다.
슬프다.
나는 얼룩이 많은 사람이기 때문이다.

밤이 깊으면
먼 것들은 다가들고
가까운 건 멀어진다.

요즘 날마다 꿈꾸는 건 불가능한 꿈뿐이다.
이를테면 사랑의 완성 뭐 그런 것.

자기변혁을 통해
삶의 지평을 확장해야 한다는 욕망이 없으면
그게 바로 늙는 것일 게다.

내 정신은 아나키스트에 가깝다. 세상은 물론 삶을 보는 눈도 그렇다. 아나키스트는 내적으로 격렬하면서 동시에 허무주의와 치열하게 맞닿아 있다. 위험하다. 나는 나의 '아나키스트'를 일상생활에서 들키지 않으려고 애쓴다. 역사의 진보에 대해 '엿 먹어라' 하는 건 일상생활에선 매우 위험한 일이기 때문이다.

어금니 하나 뺐다. 의사 말이, 몸통은 삭아 없는데 뿌리는 터무니없이 단단히 박혀 있더라고 했다. 뿌리가 단단하다는 의사 말이 '터무니없이' 내게 칭찬으로 들렸다. 나는 이제껏 무엇을 지켜왔는가.

병도 정든다. 내겐 두통이 그렇다. 문제가 있거나 없거나, 나의 내부에서는 끊임없이 세계와 불화를 겪는다. 두통은 그 증거일 뿐이다.

내 귀에 곰팡이가 산다. 스트레스가 심하면 곰팡이는 더 기승을 부린다. 가려워 후벼 파면 진물이 난다. 그러다가 한동안 마음 평안히 지내면 거짓말인 듯 가라앉는다. 내 심리적 안정지수의 바로미터라 할 수 있다. 오래돼 귓속 곰팡이와 이제 정이 담뿍 든 느낌이다.

어제 오늘은 귓속 곰팡이가 활발히 활동 중이다. 서울에 와서 신문 등 세상의 뉴스들과 가까워진 탓이다. 내 귓속의 곰팡이에겐 세상의 싸가지 없는 뉴스들이 힘이다.

아, 마음먹은 대로 사는 게 제일 어렵다.

지금도 난 때로 흔들린다.
바람이 불면 나무들 흔들리는 것처럼.
아마 더 오래 그럴 것이다.
흔들릴수록 키가 더 높아진다.
그래서 난 흔들리는 젊은 당신들이 좋다.

머물러야 할 때 뛰고 뛰어야 할 때 머물러 있는 것,
가까이 있을 때 무관심하고 멀리 있을 때 사랑하는 것,
세속으로 가고 싶으나 내 골방으로 혼자 돌아가는 것,
이것이 나의 문제라는 걸 알겠다.

참 이상하다.
그것에 죽어라 가까이 가고 보면,
내가 그리웠던 그것이 아니다.

멀어서 그리운 건지
그리워서 먼 것인지 잘 모르겠어.
내 그리움은 8할이 초월에 있다.

그리운 사랑,
사랑조차 왜, 왜, 왜,
손에 닿으면
사물화되는 걸까.

생은 때로 가없이 막막하지.
너무 먼 길이지.
사랑이 없다면.
우주를 향해 모스부호를 날리고 싶은 날.

북악을 걷는데 어떤 중년여자가 겨울 숲에서 혼자 울고 앉아 있었다. 왜 우는지, 그런 건 하나도 궁금하지 않았다. 그냥 알 것 같았다. 나도 가슴이 무너져 눈물이 나왔다. 아, 어서 봄이 왔으면 좋겠다.

떠난 자리 돌아보지 않는 게 좋아.
아픈 것만 눈에 들어오거든.
기억될 거라고도 믿지 않는 게 좋아.
시간은 지우려고 흘러오니까.

우울이 날 잡아먹으려 한다.
놈은 힘이 세다.

습관적이라 해도, 그만 잠들어야지. 잠을 깨고 나면 누가 내 머리맡에서 이렇게 속삭여줬으면 좋겠다. "당신의 경이로운 변혁을 위한 혁명적 프로그램이 완성되었습니다. 오늘이 그 프로그램에 따른 첫째 날입니다."

안락하게 오래 살고 싶단 말은 아냐. 때로 불꽃같이 타오르다 스러지고 싶지. 목련꽃처럼. 문젠 타오르는 것조차 제대로 안 된다는 거야. 잘 봐. 세계가 너무 정교하고 단단히 짜여 있잖아? 저 바리케이드 다 뚫고 정말 황홀하게 비상할 수 있겠어? 혼자서?

나를 60대라고 생각함 큰 착각이야. 내 안엔 80대도 있고 30, 20, 심지어 10대도 있어. 늙은이 노회함도 있겠지만 20대의 불온, 10대의 순정을 더 뜨겁게 느껴. 영혼의 나이는 정해져 있지 않아. 나이는 정치적 노림수에서 나온 거야.

열정이 아니라 홀림이 더 위험하다.
열정은 이성으로 조절할 수도 있지만
홀림은 오직 홀림만이 나를 조정한다.
홀림에선 컨트롤해야 할 내가 없다.

날 저무는 줄 모르고 글 썼다.
허기가 너무 져서 날 저문 거를 겨우 알았다.
점심도 거른 채 아홉 시간이나
꼬박 앉아 있었다.

사랑은 영원하지 않지만
사랑에의 갈망은 영원하다

많은 경우, 우리는 사랑이라는 이름으로
너무도 많은 사랑을 잃는다.

사랑은 영원하지 않지만,
사랑에의 갈망은 영원하다.
딜레마다.

소설 '은교'를 쓴 후 사람들이 내게 갈망과 사랑이 어떻게 다르냐고 자주 묻는다. 갈망이 걸어서 별까지 가고픈 거라면, 사랑은 당신을 갖고 싶다는 것이라고 나는 대답한다. 갈망은 슬프고 사랑은 생생하다. 어느 게 더 소중하다고 잘라 말할 수는 없다.

베토벤의 편지 읽다 보면 '불멸의 연인'이라는 말이 나오는데 베토벤 연구가들도 그 '불멸의 연인' 누군가 밝히지 못했어. 난 베토벤이 초월적 세계가 그리워서 '뻥' 한번 우주적으로 친 거라고 봐. 지상에 과연 '불멸의 연인'이라는 게 있기나 할까.

소유욕의 사랑은 순간의 완성을 이룰지라도 결코 그 맹세를 지킬 수 없고, 초월에의 그리움은 완성감은 얻을 수 없으나 내 품에 오래 지킬 수 있다.

난 여전히 내가 누구라고 말하지 못하겠어.
그 말을 할 수 있다면야 글은 더 이상 안 쓰겠지.

혼자 있어야, 고독한 알집에 들어와 있어야
내게 돌아오는 내 발소리 들려.

오늘 이렇게 생각했어. 나는 평생 내가 누군지 몰랐지만, 그러나 평생 내가 누구인지를 물었던 사람이 되자고. 나는 평생 사랑을 몰랐지만, 평생 사랑을 찾아 헤맨 사람이 되자고.

모든 사랑엔 연애를 우정으로 바꾸는 일상화 과정이 놓여 있다. 쓸쓸한 과정이지만, 바로 그것 때문에 우리는 누군가와 오래 함께 살 수 있다. 연애만으로 살고자 한다면 단명을 감수해야 한다.

젊을 때 사랑은 '투쟁'이었네.
미친 감정이 사랑이니까.

연애는 원래 비정상적 감정이야. 좀 미친. 컨트롤하는 거, 어렵단 것 나도 알아. 하지만 참아봐. 불길이 솟구쳐도 불길을 견디는 게 사랑이야. 사랑한다면 고요해지도록 애써보라고. 제발, 사랑의 이름으로 소리치지 마. 허접해 보여.

젊은 날은 사랑을 소유하고자 했으나
이제 내 사랑, 초월에 놓고자 한다.

예전엔 사랑이 서로에게 유일한, 독점적 관계라 여겼어.
그러나 요즘은 꼭 독점적이어야 사랑인가, 하고 생각해봐.
1대1의 독점적 관계가 사랑이란 생각은
이미 낡은 게 되고 말았으니까.

그가 가진 것만 보고 사랑을 시작하지 마. 스펙만을 고려한 연애는 자존을 낮추는 거야. 쪽팔려. 그의 결핍과 그늘을 좀 봐. 그늘을 보는 게 사랑이지.

사랑을 흉내 내면서
사랑한다고 당당히 말하는,
어떤 부류의 당신을 보면 불쌍해.

그의 눈빛에 떨리는 그 순간,
그를 기다리는 설레는 그 순간,
사랑은 이미 완성된 거야.
훗날의 완성을 꿈꾸면 상처받기 쉬워.
시간을 쌓아 완성하는 건
사랑이 아니라 우정이라고.

'희망'과 '사랑'에 대해 진실하게 말하려고 애써왔지만
아, 나는 줄곧 거짓말을 해왔는지도 몰라.

결혼은 사랑의 완성 아니다.
사랑이 시험에 드는 순간이 결혼이지.
사랑의 일상화에 이르는 지름길.

연애는 짧은 우행,
결혼은 장기간에 걸친 우행이라 말한 건 니체야.

아내와 연애결혼하고 40년 넘게 함께 살았는데, 어쩐지 그동안 '연애'는 다 잃고 우의만 깊이 얻어온 긴 과정을 보낸 거 같아. 오래 함께 산 사람은 오래된 의자 같아서, 안전하고 따뜻해서 좋아.

진달래는 무슨 정한이 얼마나 깊어
해마다 제일 먼저 이리 붉게 피는가.
그래 봐야 모두 찰나인 것을.

내겐 진달래가 '첫사랑'처럼 보여.
가장 붉게 피고 가장 빨리 지니까.

나이 들수록 삶의 전략이 능숙해지리라는 건 보편적 상상이다. 삶에서 우리는 영원히 서툰 아마추어의 길을 가야 한다. 아마추어라고 자책할 것이 아니라, 아마추어인 걸 즐겨야 행복해진다.

산 너머 산이 있다는 걸 매번 잊는다.
사는 힘이 거기서 나오는 모양이다.

내가 먼 길을 계속 가는 건
길 끝에 무엇이 있는지 알지 못하기 때문이야.

욕망은 난폭하고
존재는 연약하지.
세속도시의 욕망은 비천하고
존재의 본원은 위대한 빛에 감싸여 있어.

    사랑의 이름으로, 꾀꼬리를 잡아 혹시 가죽으로 만들고 싶은가. 그가 그다운 모든 고유함으로 빛나기 때문에 그를 사랑한 게 아니던가. 독점하려 하지 말라. 그를 소유해 내 마음대로 하는 걸 사랑이라 여긴다면 길은 두 가지뿐이다. 그를 죽이거나 그를 잃는 것.

내겐 오래된 것을 지키려는 강력한 관성이 있다. 볼펜 한 자루도. 새것이 좋은가 오래되어 익숙한 것이 좋은가. 새것은 욕망에 따른 감미가, 오래된 것엔 존중에 따른 신뢰가 있다. 어느 것이 더 사랑의 본질에 가까운가.

이름을 들으면 가끔 울컥한다. 범신, 살아서 이름 하나 가졌으니 된 게 아닌가.

'관계의 불완전성'을 알지만
나는 지금도 계속 당신이 그리워.
그래서 내가 사람인가봐.

요즘 나의 딜레마는 이것.
내 실존의 키는 날로 작아지는데
내 그리움의 키는 날로 커지는 일.

낙향 후 2년여, 에푸수수한 사교계를 끊고 밤의 고요를 담으려 했건만 별로 이룬 게 없다. 혼자될까봐 늘 두려웠다. 한 존재로서 나의 진화는 왜 이리 더디단 말인가.

호수는 아직도 얼어붙어 있지만 숲에선 봄의 기운 느껴진다. 귀 열고 영혼의 촉수를 대면 헐벗은 나무 속으로 빨아올려지는 수액의 강물 소리 들릴 것 같다. 봄을 기다리는 것은 여전히, 나를 변화시키고 싶은 젊은 욕망을 내가 버리지 않았기 때문이다.

간절하면 생의 사소한 것들, 절로 경이로워진다

다시 여명이다.
내 배낭 속엔 낡고 사소한 것들과 함께
그럼, 새로운 계획표도 들어 있다.

에스컬레이터가 멈춰 있거든 계단으로 걸어가.
찾아봐, 계단조차 없는 인생, 그리 많지 않아.

어젯밤 날 언짢게 했던, "나쁜 인간"이라고 말했던 그 나쁜 인간이, 오늘 밤 다른 곳에서 여러 사람들에게 큰 기쁨인 것을 보았다. 알고 보면 생은 공평하다.

귀 열고,
내게 다가오는 누군가의 발소리를
계속 들을 수 있다면
우리, 어떤 고통도 다 이겨낼 수 있다.

비 오면 그리움 한 뼘씩 넓어진다. 본성이 넓어지기 때문이다. 한나절이라도 본성에 나를 온전히 맡겨두는 거야말로 힐링일 것이다. 생을 바꿔갈 찬스다.

취재차 곰소염전 다녀왔다. 소금꽃이 막 피고 있었다. 소금도 저를 찾아오는 '사람 발소리 때문에 큰다.' 하물며 사람이야 말해 무엇 하랴.

꽃이 예쁘고, 그 예쁜 것에 눈물겨운 인내와 고통의 기억들이 축적되어 있다는 걸 아는 데 너무 오랜 세월이 걸렸네. 보이는 그것이 전부가 아니야. 시간 너머를 보는 눈을 가질 것.

김치찌개에 밥 반 공기 말아 들고 창가에 서서 새들 보며 먹었더니 설거지감이 밥그릇 하나 숟가락 하나, 딱 두 개뿐이다. '성공'이란 생각이 든다. 흐뭇하다. 성공하기 이리 쉽다.

모처럼 아내가 서울에서 내려왔다. 아침밥 차려주고 커피까지 타준다. 수지맞은 기분이다. 내가 "가지 말고 나랑 예서 함께 살자" 하자, 아내가 냉큼 "나랑 올라가 함께 살자" 한다. 에고, 또 쪼개져야 할 모양이다. 쪼개지면 합치고 싶고 합치면 쪼개지고 싶다.

오래 함께한 아내는 장롱 같아서 없어봐야 그 자리가 표 난다.

먼 데 가까운 데, 불이 켜져 있는 게 참 보기 좋아.
불빛 하나마다 한 세계가 깃들어 있기 때문이야.

고요한 저물녘,
혼술로 캔 맥주를 따는데
캔 여는 소리가 참 맑고 시리다.
사람으로 살아 있는 게 참 고맙다.
가슴이 뭉클해진다.

사랑의 제1법칙은 그를 향해 뛰는 것이다.
오, 뛰고 싶다!

힐링
살아서 꽃피지 않는 영혼은 없다

초판 1쇄 인쇄 2021년 4월 12일
초판 1쇄 발행 2021년 4월 19일

지은이　　박범신
일러스트　성호은
펴낸이　　백경민
에이전시　사이저작권에이전시
펴낸곳　　시월의책

주소　서울 마포구 성지길 25-11, B153호
전화　070-7766-4001
팩스　050-4050-9067
등록　2020년 3월 25일 제2020-000079호

정가 14,500원

이메일　　bkm@forwc.com
홈페이지　http://www.forwc.com
인스타그램 @siwol_books

ISBN 979-11-974377-0-0(03810)

* '시월의책'은 주식회사 포윅스컴퍼니의 출판 브랜드입니다.
* 이 책은 저작권법에 따라 보호받는 저작물이므로 무단전재와 무단복제를 금지하며,
　이 책의 전부 또는 일부를 이용하려면 반드시 저작권자와 출판사의 서면 동의를 받아야 합니다.
* 잘못된 책은 바꾸어 드립니다.